광주, 소통으로 길을 찾다

광주, 소통으로 길을 찾다

지은이 | 신동헌

발행 | 2018년 2월 20일

펴낸이 | 신중현
펴낸곳 | 도서출판 학이사
출판등록 | 제25100-2005-28호

대구광역시 달서구 문화회관11안길 22-1(장동)
전화_ (053) 554-3431, 3432 팩시밀리_ (053) 554-3433
홈페이지_http://www.학이사.kr
이메일_hes3431@naver.com

ISBN_979-11-5854-122-4   03330

광주,
소통으로 기술을
찾다

學而思 | 학이사

사람이 정책이다

나는 사람 만나는 일이 참 즐겁다. 너른고을 광주 구석구석을 다니면서 참 다양한 분야에서 일하는 사람들을 만났다. 지난해 남한산초등학교 동문회 체육대회에서 있었던 일이다. "국기에 대한 경례!"라는 사회자 말에 모두가 가슴에 손을 갖다 대고 국민의례를 하고 있는데, 허리가 구부러진 한 노인만 거수경례를 하고 있는 게 아닌가. 누굴까? 얼른 앞으로 나가서 본능적으로 사진을 찍었다. 그런데 거수경례를 하는 그의 손이 눈에 확 들어왔다. 손이 손이 아니다. 어디 괴기영화에서나 볼 수 있는, 보기조차도 어색한 울퉁불퉁한 그 손이 나의마음을 흔들었다. 조천수, 6.25참전용사다. 별도의 시간을 내어 남한산성 골짜기의 삶의 이야기를 들어 보았다. 그의 한평생 고생담 모두가 휘어진 손 안에 담겨 있었다.

경안시장 과일노점상 박금자 아주머니의 "광주시청 단속반이 제일무섭다"라는 이야기를 들으면서 나의 가슴은 미어지고 분노마저 들었다. 경안떡집을 운영하는 김장석 대표의 광주 정착 이야기와 호남향우회 창립 이야기, 그리고 김대중 대통령후보를 어떻게든지 당선시키기 위하여 뛰었던 민주연합 청년동지회 이야기는 흥미진진했다. 곤지암의 목 좋은 곳에서 새벽 김밥을 말아서 달인이 된 김태완 사장의 꿈은 아직도 자신의 탯줄이 묻힌 무주로 내려가 고향 산천의 사계절이 들려주는 노래를 듣고 사는 일이다. 마경희 주부는 성남에서 살다가 물안개 피어오르고 풀냄새 물씬 풍겨나는 광주가 좋아 10여 년 전에 삶터를 옮겼다. 늦은 밤까지 커피를 마시면서 수원시 마을만들기 성공사례와 용인시 마을공동체 활동에 대한 토론을 벌였다.

이 책에는 참 다양한 분들의 이야기가 들어있다. 젊은 주부부터 기업인, 농사꾼, 봉사자, 장애인, 문화예술인 등 다양한 직군의 사람들이 합세해서 그들의 삶을 연출하고 노래한 내용들이 담겨 있다. 이들을 만나 광주의 이야기를 들었고 이들이 토로하는 광주에 대한 섭섭함을 들었다. 사람 중심의 정책이어야 이들을 행복하게 할 수 있겠구나 하는 확신이 들었다. 그 안에는 1%의 소수가 아닌 99% 광주시민을 위한 희망의 노래가 있다. 그간 최대한 많은 분들을 만나려했지만 아직도 부족함을 절절하게 느낀다. 방송국 PD시절 전국을 누볐던 체력과 열린 마음으로 앞으로도 광주 이곳저곳을 다니며 더 많은 사람들과 소통하고 싶다. 광주는 참 넓고 할 일이 많은 도시가 되었다.

그동안 나와 동행하며 인터뷰를 도와주고 글을 말끔히 정리해 주신 너른고을 문학의 윤일균 시인께 감사드리고, 책이 나오도록 과정을 꼼꼼히 챙긴 나의 반려자 김미웅에게도 이 지면을 통해 고마움을 표한다.

2018. 2.
신동헌

2부 광주에서 나눔을 실천하는 사람들

3부 광주에서 행복한 사람들

4부 광주에서 꿈을 안고 살아가는 사람들

시민에게 큰 힘이 되는 존재가 되길 기원합니다

국회의장 **정세균**

《신 PD도 언젠가는 농촌 간다》라는 책이 떠오릅니다. 우리 신동헌 PD가 KBS제작단에서 농촌프로그램을 연출할 당시 엮어냈던 책입니다. 1999년 당시 출간된 책을 들고 저를 찾아왔던 그의 모습이 아직도 선명합니다.

그 책을 계기로 신동헌 PD와의 인연이 시작되었습니다. 이후 신 PD는 중앙일보 경제지《이코노미스트》에 대한민국의 농사꾼 성공 사례를 2년간 집필하면서 농업전문 PD로서의 입지를 굳혔고, 국내외를 넘나들며 대한민국 농업발전에 기여하는 방송을 만들어왔습니다.

그랬던 그가 2014년 제게 엉뚱한(?) 제안을 합니다. 국회에 텃밭을 만들자고 하더군요. 국회의원들이 함께 텃밭을 가꾸면서 여야상생과 도농상생을 추구해보자는 그의 설득에 덜컥 넘어가 버렸습니다. 그 결과 2015년 '국회생생텃밭' 이 만들어졌습니다.

제가 매니저를 자처하고 50여 명의 국회의원이 텃밭을 갈고 씨를 뿌린 지 올해로 4년째입니다. 여야 의원들이 함께 땀을 흘리며 모종을 심고, 몰래 서리도 하고, 김장도 하면서 정치적 입장을 떠나 편하게 소통하는 공간이 생겼습니다. 불통과 불임의 국회가 아닌 소통과 생산의 국회로 가는 물꼬가 작게나마 열리게 된 겁니다.

이후 국회에 기적 같은 일들이 일어나기 시작했습니다. 이른 봄 유채꽃을 보고 보리밭도 밟을 수 있게 됐습니다. 호박꽃, 가지꽃, 감자꽃이 피어나고 '오이서리'를 하는 진풍경이 벌어졌습니다. 여기에 더해 여야 의원들이 함께 농사를 지으며 흘리는 천진난만한 웃음꽃은 참으로 흐뭇한 광경이었습니다.

매년 봄 호미를 들고 갖가지 채소 모종을 심고 씨앗을 뿌리는 개장식부터 초겨울 김장나눔 행사까지 국회의원들은 흙을 통해 함께 소통하고 시민과 농민 그리고 도시농업포럼 회원들까지 하나가 되어 어우러졌습니다. 지난해 김장행사 때 광주의 소병훈·임종성 의원이 함께 참여하여 주민들과 열심히 배추 속을 버무리던 모습이 인상 깊었습니다. 신 PD가 아니면 감히 누구도 넘볼 수 없는 발상입니다.

그랬던 신 PD가 《광주, 소통으로 길을 찾다》를 출간했습니다. 광주의 새로운 미래를 향해 나아가는 우리 신동헌 PD의 앞길에 성원의 박수를 보내며, 책 제목처럼 소통이 잘 되는 광주, 건강하고 행복한 도시 광주로 발돋움하길 바랍니다. 시민의 마음을 깊이 헤아리고 시민들에게 큰 힘이 되는 존재가 되길 기원합니다.

'소통' 으로 '길을 찾겠다' 는 의지와 비전을 응원합니다

더불어민주당 경기 광주시(갑)
국회의원 **소병훈**

'소통' 이 갖는 가치를 높게 평가하는 한 사람으로서 '소통' 으로 장식된 책 이름에 눈길이 갑니다.

소통은 비단 대화의 오고감을 넘어 다양한 부산물을 남깁니다. '막히지 않고 잘 통하며 뜻이 서로 통해 오해가 없다' 는 사전적 의미처럼 명쾌한 답을 내려주기도 하고 감동과 진심을 전달하기도 하지만 때로는 실망과 분노, 고뇌와 번민으로 이어지기도 합니다.

그럼에도 불구하고 소통이 강조되는 이유는 이러한 복합적인 감정의 끝이 타인에 대한 공감과 나와 다른 의견에 대한 이해를 지향하기 때문입니다. 내 몸 하나만 제대로 간수해도 성공한 것으로 평가받는 현대 사회에서 다른 이의 입장과 상황에 함께 웃고 눈물짓는 능력이 갖는 가치는 그 무엇과도 비교할 수 없습니다. 그렇기에 '소통' 으로 '길을 찾겠다' 는 신 대표의 의지와 비전에 가슴 깊이 동감합니다.

 책은 광주의 다양한 시민을 만나며 나눈 소통의 결과물로 채워져 있습니다. 농장가든의 주인, 중소기업의 대표, 전직 공무원 등 우리 곁에서 쉽게 볼 수 있는 이들과 나눈 인터뷰는 단순히 '시민과의 대화' 수준에 머무르지 않습니다.

 오히려 광주의 길, 광주의 미래는 그 대화 속에 있음을 믿습니다. 광주는 우리 곁의 시민들로 채워진 공간이기 때문입니다. 지금의 광주를 만들어 온 사람도, 앞으로의 광주를 만들어 갈 사람도 오직 시민이기 때문입니다. 시민이 광주인 까닭입니다.

 많은 시민과 만나고 그들의 목소리에 귀 기울여야 할 사람 중 한 명으로서 시민의 의견을 전해 듣는 기회를 만들어 준 신동헌 대표에게 고마운 마음을 전합니다. 저 역시 한 글자 한 글자 꼼꼼히 읽으며 더욱 깊고 폭 넓게 소통하는 기회로 삼겠습니다. 고맙습니다.

등장인물의 가치를
잘 표현해 낸 책

더불어민주당 경기 광주시(을)
국회의원 **임종성**

    광주지역발전연구소 신동헌 대표님의 《광주, 소통으로 길을 찾다》의 출간을 온 마음으로 축하합니다. 신 대표님은 광주초등학교 동문 선배로 광주에서는 대한민국 제1호 농업전문PD로 잘 알려진 분입니다. 지금은 제가 위원장으로 있는 더불어민주당 도시농업발전특위 수석부위원장으로 저와 함께 도시농업발전을 위한 활동을 하고 있습니다. 어려서는 경안천의 청석바위를 공유했던 기억이 있고 정치적으로 추웠던 시절에는 수시로 만나 국수봉, 칠사산을 오르며 보다 나은 광주의 미래를 이야기하고 살맛나는 세상을 이루자고 다짐했었던 추억이 있습니다.

    금번에 출간한 신동헌 대표님의 책을 읽으며 새롭게 놀랐습니다. 한시도 집에 못 있고 사람 만나는 것을 좋아하고 사람들 속으로 들어가 소통의 세상을 열어가는 줄은 진작 알았지만 이토록 너른고을 사람의 애환을 세세히 챙겨 그들을 위로하고 행복으로 삼는 줄은 몰랐습니다. 제가 잘 아는 분들도 책 속에 많이 등장하더군요. 책을 통해 그분들의 생각이나 내력을 좀 더 자세히 알 수 있어서 직접 만난 것 이상으로 반가웠습니다.

예전에 《벌열미 사람들》이라는 시집을 내신 허정분 여사도 잘 아는 분입니다. 오향리에서 방앗간을 운영하는 최광근 사장님이 세계 최고의 부지런한 사람이라는 건 책을 통해서였습니다. 서하리에서 3대가 농사짓는 김광기 사장님, 열미리 토종 여성기업인 구미숙 사장님, 초월읍에서 텃밭을 넉넉히 가꾸며 인성교육을 실천하는 이은숙 또래 어린이집 원장님, 기업인협회 장형완 수석 부회장님, 울밑에 선 봉선화 이종갑 사장님 등 모두모두 반가웠습니다.

걸음걸음마다 보다 나은 광주의 미래를 스케치하고 살맛나는 세상을 이루자고 하는 다짐이 책 속에 녹아있는 것 같습니다. 보통사람 눈으로는 유별나게 성공했거나 특출함이 없어 보이는데도 불구하고 연출가의 실력으로 등장인물의 가치를 잘 표현해내 연출이 돋보인 책 《광주, 소통으로 길을 찾다》. 문재인 정부의 근간인 소통을 이토록 아름답게 접근한 신동헌 대표님의 광주사랑에 다시 한번 찬사를 보내드립니다.

소통과 공감의 정치를 찾아
시민에게 길을 묻다

국민농업포럼 감사
한국지역재단협의회 이사장 **장 건**

'광주, 소통疏通으로 길을 찾다!'

이 책은 광주를 사랑하는 사람 신 PD가 발로 뛰며 쓴 광주사람들의 애환이 서린 책이다. 동시에 저자 신동헌의 고백록이다.

너른고을 광주廣州와 대화를 시작한 사람, 경기도 광주에서 태어나 유년시절과 청소년기를 보내고 서울로 유학을 떠나 언론계에 몸담아 KBS PD로 20여 년간 일하다가 다시 고향으로 돌아온 신동헌, 그는 광주를 한없이 사랑하는 사람이다.

광주로 귀향하여 광주발전연구소를 설립하고 지역공동체의 지속가능한 발전을 연구하기 시작한 그가 너른고을 구석구석을 누비면서 다양한 지역사람들을 수없이 만나 그들의 진솔한 이야기를 듣고 쓴 광주사람 이야기, 광주의 미래에 대한 꿈을 꾸는 이야기가 담긴 책이다.

광주는 백제 온조대왕으로부터 병자호란의 남한산성으로 이어지는 슬픈 역사의 현장이며, 왕실도자기 가마가 살아 숨 쉬는 문화예술 터이며, 팔당호를 끼고 펼쳐지는 강, 산, 들판이 어우러진 생태 자연환경이 빼어나게 아름다운 풍요로운 고장이다.

특히 도심을 흐르는 경안천에 우뚝 솟은 청석바위에 대한 신동헌 대표의 유년시절 기억은 남다르다.

"제가 어릴 적에는 경안천에서 멱도 감고 맑은 물에서 천렵도 할 수 있었습니다. 그때 경안천의 청석바위는 유난히 빛나고 든든한 나의 친구였고 광주의 상징이자 지킴이었습니다."

그가 광주를 구석구석을 돌아다니면서 참으로 열심히 살고 있는 너른고을 사람들을 만난 기록들-광주 왕실도자기의 맥을 이어가는 도예가, 기업을 열심히 일으켜 세워 일자리를 만드는 영세 사업가, 숨은 봉사로 광주의 구석구석을 깨끗이 닦아내는 사람 등등- 하지만 그가 만난 광주사람들 중에서 가장 마음이 아팠던 사람은 재래시장인 경안시장의 과일노점상이었다. 그분은 지금껏 세상 여행 한번 못해보고 몇만 원 벌기 위해서 이 추운 겨울을 버티어내는 사람이었다.

그는 이들의 진솔한 목소리를 경청하고 소통하면서 광주의 '99%를 위한 위민정치'의 길을 찾아 나서기로 결심하게 되었다고 한다. 그동안 광주는 부패한 '우물 안 리더십'으로 적폐가 만연하고, 너른고을이 온통 난개발로 인해 극심한 몸살을 앓고 있다는 현실을 목도하게 되었기 때문이다.

새로운 광주를 위해 소통과 공감정치의 길을 찾아 나서는 푸른돌靑石 같은 신 PD의 앞날에 서광이 비치리라!

광주
소통역기술을
찾다

1부

광주를
지켜온
사람들

"다시 오지 않을 세상에 내 이름을 걸었습니다"

열미리 토종 기업인
구미숙

구미숙은 토종 기업인이다. 열미리에서 태어나 곤지암초등학교 졸업이 전부지만 뒤늦게 알파벳을 배우고, 엑셀과 포토샵까지 배워 컴맹을 탈출했다. 얼마 전에는 컴퓨터를 활용해 네이버에 직접 제품을 소개하는 일도 해냈다. 수량은 많지 않지만 인터넷을 보고 들어오는 주문에 새로운 세상을 희망한다. 유일하게 국내에서는 전통방식을 고수하고 있는 '구미숙 공예'다.

즐거운 명절이 시작 되었다. 모두 들뜬 기분에 명절이 시작되지만, 아직도 산업현장의 분위기는 녹녹치 않다. 한 개의 상품이라도 더 만들어 내려는 욕심에 땀을 흘리고 산 높이만큼 쌓인 상품을 보면서 한숨을 내 쉰다. 열미리에서 상床 공장을 운영하는 구미숙 대표가 그렇다.

　흰 벽돌 건물에 걸린 색이 바랜 '구미숙 공예' 라는 간판부터가 마음을 짠하게 했다. 공장 내부로 들어서면 더 기막힌 사연이 쌓여 있다. 명절에 출하 못한 빼곡한 재고 상품들이다. 앉을 곳도 없었고, 사무실 구별도 없어져서 '상' 자랑은 공장 밖에서 했다. 그만큼 구미숙을 향한 재고 상품의 공격은 거세지고 심각하다.

　구미숙 대표를 안 지는 오래 되었다. 열심히 사는 분! 최고의 상품을 만들어내는 여성 기업인으로 기억한다. 열미리 구씨 집

성촌에서 30년째 밥상과 찻상 등 34종류의 상을 만들어 낸다.

장인이 따로 있을까? 칠하고 말리고, 칠하고 말리고, 인모붓으로 9번의 칠 작업을 한다. 그리고 지금은 어느 곳에서도 하지 않는 물사포질 과정을 거쳐야 구미숙의 인생을 건 명품 '상'은 만들어져 탄생하게 된다.

큰 제사상(1.5×0.9m)은 22만 원, 찻상은 3~4만 원대, 밥상은 4~7만 원대 가격이다. 이번 명절엔 좀 멋진 차례상으로 조상님을 기리는 것도 기분 좋은 추억이 될 듯하다.

새벽 3시부터 일하는 기업인이다. 반품 없는 상품을 만드는 장인이다.

"다시 오지 않을 세상에 내 이름을 걸었습니다."

구미숙의 명언이다.

세 시간 이상 자는 사람은 이상해 보였다. 열심히 사는 사람이 아니라는 생각 때문이었다. 새벽부터 일을 시작했고 일하는 재미로 살았다. 한 달에 1,500~2,000여 개의 상이 만들어졌지만 없어서 못 팔았다. 땅도 사고 공장도 지었다. 재산이 불어나는 것이 눈에 보였고 2년마다 무엇이든 할 수 있다고, 할 것이라고 다짐도 했었다. 중국 상이 수입되기 전의 일이었다. 진부한 이야기지만 그즈음 남편은 딴짓을 시작했다. 모든 것을 잃었고, 결국 남편과는 헤어졌다. 지금만큼만 마음이 열렸어도 한 번쯤은 참고 넘길 수도 있었을 텐데, 그녀의 나이 46세에 일어난 일이다.

실의에 차 있는 그녀에게 용기를 준 이들이 있었다. 17년 동안 같이 일했던 두 내외다. 부부는 "우리 다시 해보자"는 말로 용기를 주었고, 13년이란 세월이 흘러 오늘에 이르렀다. 그 부부는 지금도 함께 일하고 있으며 가장 든든한 동료다.

그동안 어려웠지만 잘 헤쳐 나왔다. 그런데 올해는 명절에도 믿기지 않을 만치 조용하다. 이달도 역대 최고의 수출이라고 TV에선 수선을 떨지만 작년만해도 대목이면 재고가 없었는데, 처음 있는 일이다. 별 생각이 다 든다. 이대로 내려놓으면 나도 나지만 30년을 같이 살아온 저 청각장애 부부와 백골(상의 원판)을 짜오는 사람들은 어떻게 생활할까를 생각하면, 더 열심히 일할 수밖에 없다. 빈틈없이 상으로 꽉 찬 공장 작업실에선 상배작업

(마지막 칠)이 한창이었다. 한 번 칠하고 말리는데 꼬박 하루가 소요된다. 상판 5번, 하판 4번을 칠하고 말리는데 열흘의 시간이 지나면 비로소 상으로 탄생될 자격이 주어지는 것이다. 열흘이 소요되는 작업이다 보니 한 달 동안 같은 작업이 세 번 이뤄진다. 선선한 날임에도 단 한 점의 먼지를 조심하기 위해 웃통을 벗은 사내가 인모붓질을 하는데, 그 모습이 가히 신의 경지다. 다른 공장은 상다리를 완성된 중국제품을 수입해 쓰는데 비해 국내에서는 유일하게 전통방식을 고수하는 구미숙 씨.(경기 광주 출생, 57년생) 그녀는 참나무나 소나무를 손으로 깎고, 수없는 손사포질로 마무리를 해서 쓴다.

한 달에 400~600여 개의 상을 생산하는 구미숙 공예는 한때는 LA로 찻상을 수출하기도 했었다. 제상, 교자상, 원형상, 찻상, 예배상 등을 만들며 모양과 크기로 나눌 때 그 종류가 34가지나 된다. 각기 문양과 생김새와 크기를 설명하기 위해 펴 보여주는 상에 얼굴이 비친다. 거울인가 착각이 들 정도이다. 물사포질을 하고 상배붓질을 넣는 전통방식을 고집하는 마지막 공장이 아닐까 하는 생각이 들었다. 구미숙 공예의 특징은 수작업과 붓질이라고 힘을 준다. 물사포질을 하는 이유는 상이 견고해지며 명품이 나오기 때문이다. 써보신 분들은 후끼(스프레이건)칠을 한 상과는 다소 가격의 차이는 있지만 품질은 하늘과 땅 차이라며 필히 다시 찾는다는 것이다.

동대문 2곳과 남대문, 인천, 충주, 원주, 성남, 이천, 의정부 등에 거래처를 두고 있다. 같은 지역에 다수와 거래하지 않는 이유는 자존이 걸린 귀한 물건으로 경쟁하는 모습을 원하지 않았기 때문인데, 여전히 초심을 지키고 있다. 30세부터 45세까지가 황금기였다고 말하는 그녀는 이혼 당시 동네에서 제일 싼 땅 500평을 받았는데, 결혼해서 이거라도 벌었다는 마음으로 새 출발을 다짐했다. 결혼생활 중 집과 땅은 물론이고 하다못해 통장 하나까지 남편의 이름으로 살았던 그녀는 드디어 회사명을 '구미숙 공예'라고 자신의 이름을 내걸었다.

부디 수작업과 인모붓질의 전통방식을 지켜내시어 후세에 그 이름 길이 남기시라.

상생과 공존의 기업문화 조성

진우아이앤피 대표
김 영 선

광주를 돌며 참 많은 기업인들을 만났지만 벤처기업 진우아이
앤피 김영선 대표는 또 다른 느낌을 주는 보물 같은 기업인이다.
내게 굉장한 행운이랄까? 기업이란 이런 분이 하는 것임을 느끼
고 배우게 해 주었다. 대표이사 방에 걸린 '창의, 내실, 신의' 라
고 쓰인 사훈이나 '투명경영, 원칙경영, 책임경영' 이라고 쓰인
경영방침은 누구나 쓸 수 있는 미사여구(?)이지만, 김영선 대표
의 빈틈없는 언어구사나 표정에서 글로벌 기업 진우의 경영 철
학을 읽는다.

진우아이앤피는 1992년에 설립되어 25년이 넘는 창업 역사를
지닌 기능성 포장재 생산 전문회사다. 식품포장재 레토르트파우
치, 제약, 화장품, 산업, 일반용품용 연포장재를 생산한다. 미국
의 델몬트 켄벨과 캐나다, 멕시코 등 해외에 50%를 수출하여

2016년 기준 150억의 매출을 올렸다. 국내 대림수산, 고려은단, 유한양행, 서강식품 등 국내 기업과도 거래가 활발하다.

　회사의 강점이라면 직원 36명 모두가 정규직이다. 그래서일까? 이곳은 생산회사인데도 장기근속자가 많다. 8년 전부터 주5일제 근무를 선도해 왔고 지금은 무역담당이사 1명을 두고 있지만 2012년까지는 영업사원 없이도 연매출 100억을 올린 진우의 저력이 있다. 직원의 안정적인 생활이 경영의 가장 큰 경쟁력이라고 믿는 김영선 대표의 경영철학이다.

　하지만 제품개발엔 한 치의 양보가 없다. 광주의 특성을 살려서 친환경적인 제품개발의 원칙과 방침을 세워 지속적인 오염물

질 개선과 감소를 통해 제품생산에 요하는 법규 및 요구사항을 철저히 준수하고 있다. 또한 정보 공유와 의사소통을 통해 최상의 친환경 기업임을 투명하게 내세우는 기업이다.

레토르트 포장기술은 밀봉 후 가열해 미생물을 제거함으로 장시간 음식물을 보존할 수 있는 포장공법으로 최상의 기술이다. 초창기의 단점을 보완해 현재 시중에는 바로 조리된 맛과 영양이 비슷하게 보존되는 제품들이다. 보관과 휴대가 편리하고 1년 이상 장기보관이 가능하며 조리시간도 짧고 냉동을 하지 않아도 되는 장점이 있는 21세기형 식품 포장방식으로 모든 제품을 생산하도록 한다.

벤처기업인 김영선 대표는 노사가 서로 상대방의 입장을 먼저 생각하는 자세가 가장 크고 강력한 경쟁력이라 믿고 진심을 다해 소통한다. IMF외환위기와 카드대란을 이겨낸 저력이 있다. 모두 주변을 돌아보고 상생과 공존의 길을 굳건히 만들어 낸 기업문화 조성에 이유가 있다. 하지만 '그'라고 고민이 없을까?

"중소기업의 수천 배 매출과 이익을 내는 대기업이 관련 산업을 독식하는 것은 문제가 있어요. 라면을 생산하는 대기업에서 라면 포장지까지 만들면 안 되지요. 포장지는 포장지 전문회사에서 만들어야 대기업과 중소기업이 상생할 수 있습니다. 대기업의 문어발식 독식은 막아야 합니다."

2007년부터 투명경영을 공표하면서 과연 지켜나갈 수 있을 것인가가 큰 고민이었는데 지금은 그 원칙이 아니면 한 걸음도 나아갈 수 없는 김영선 대표다. 삼원정공의 양원식 부회장을 멘토로 삼았다. 나는 요즘 진우아이엔피 김영선 대표를 볼 때마다 이런 생각이 부쩍 든다. '그를 나의 멘토로 삼고 싶다!'

폐교 위기의 학교를 최초의 혁신학교로 만들다

전 남한산초등학교 동문회장
김 영 환

유례없는 긴 추석 연휴처럼 가을을 가슴으로 맞으려는 사람들의 행렬이 길다. 학교 앞 도넛 가게에는 때 아닌 줄서기가 볼만하다. 남한산초등학교 총동문회장에서 울려퍼지는 노랫소리에 연배 지긋한 어르신들이 삼삼오오 기웃거리는 모습이 낯익다. 동문회가 무르익을 즈음 산성초등학교 51회 졸업생인 김영환 씨(1950년생)를 모시고 책마루도서관 옆 야외 탁자에 앉아 이야기를 청해 보았다.

2000년도에 남한산초등학교는 전교생이 26명으로 폐교 위기(교육부 폐교 지시도 있었다.)에 처한 적이 있었다. 이 무렵, 성남에서 남한산초등학교 운동장을 빌려 야영을 온 일행들이 있었다. 그들은 상황을 교장 선생에게 듣게 되었고 일행 중에 성남시의회 정채진 의원이 성남시 은행초등학교 학생들이 전학을 올 수 있

도록 주선하겠다고 약속을 하였다. 학교 관계자와 주민들의 토론 결과 120명이 남한산초등학교로 전학을 오게 된다. 학생 개개인을 산성 주민들 집집마다 동거인으로 옮기고 스쿨버스를 구입해 등하교를 시키면서 폐교 위기로 몰렸던 학교는 다시 활기찬 아이들의 웃음소리가 넘쳤다. 정연탁 당시 교장 선생은 교사를 선발하게 되는데, 모두 전교조 교사를 채용하게 된다. 전교조 간부급으로 교육에 대한 확고한 신념이 있는 교사들이었다. 그때 채용된 교사들은 후일 전원이 교장으로 승진했으며 현재 교장도 그 당시 교사로 왔다가 공채로 발탁된 경우다.

교사들의 수업 방식은 새로웠다. 우선 산에 올라가 자연부터 배웠으며 수업시간도 50분 수업에 10분 휴식이 아니라 90분을 수업하고 30분을 쉬는 방식이었다. 곧 학교는 생동감이 넘쳤으며 오히려 전학 오는 학생의 과잉으로 문제가 생기게 된다. 위장전입으로 성남 학생들을 받아들이던 때였는데 이후로 규정을 바꿔이사를 온 경우에만 전입학을 허용했다. 현재 남한산초등학교에 재학 중인 167명의 학생 중 광주 토박이는 다섯 명이 안 된다. 평균치 학급 정원이 15~20명인데 비해 30명인 학년도 있을 정도로 포화상태지만 전학을 오고 싶어 하는 학생들은 줄을 섰다. 오죽하면 학교 홈페이지 팝업창을 '참교육이 되겠냐? 제발 오지 말아 달라'고 알렸다고 한다. 소문은 삽시간 천리를 갔고 대통령 비서실에 호출을 받는다. 혁신학교의 모델이며 최초의 혁신학교가 남한산초등학교인 것이다. 선생님들은 학교를 방문하는 연간 1,000여 명의 국내외 손님들 때문에 오히려 애로가 많다.

2006년부터 7년 동안 남한산초등학교 동문회장을 맡았던 김영환 씨는 재임 당시 학교가 100주년을 맞이해 기념사업을 하였으며 《남한산초등학교 100년사》도 발간했다. 남한산초등학교 교사 선발위원, 산성리 발전위원장, 유네스코 등재 추진위원을 지냈으며, 현재는 세계유산 남한산성 운영위원회 부위원장직을 수행하고 있다. 광주시에서 역사가 제일 오래된 남한산초등학교의 본래 이름은 광주보통학교였는데 1918년 광주에 학교가 생기면서 명칭을 강탈해 갔고 이후 남한산초등학교로 명칭이 바뀌었다는 것이다. 지금이라도 학교 이름을 되찾아 와야 순리가 아닐까 혼자 생각한다면서 학교의 역사마저 왜곡되었다고 토로한다. 1912년 개교로 기록돼 있어 올해 105회가 되지만 실상은 1900년도 개교라는 고증이 있다. 당시 승지를 지냈던 사람이 땅을 내놓아 학교를 지었고 1901년도 대한제국 정부는 심승덕을 이 학교 교사로 임명된 기록이 관보 1788호에 실려 있다. 산성은 의병활동이 활발했던 곳으로 일제가 식민지 역사 말살정책의 일환으로 저지른 일이라는 것이다.

산성리에는 현재 120동의 주택과 세입자 포함 200여 세대가 살고 있다. 1980년대 호황기를 지나 현재는 쇠퇴기를 걷고 있다. 성 밖 검복리나 불당리는 규제가 풀려 업소가 대형화되고 화려해지는데 반해, 성 안 산성리는 문화재보호법과 자연환경법의 규제로 증축은 물론 신개축도 정지 상태에 있다. 낙안읍성은 이엉을 얹는데 집집마다 매년 400만 원이 지원되고 수원 화성은 1조2000억 원을 투자했다. 그에 비해 남한산성은 시의 혜택은 전무하고 단속권만 발동되는 광주의 영원한 변방이라는 것이다. 광주시민들조차 남한산성을 외면한다고 쓸쓸해하는 김영환 씨.

건축비가 2~3배 더 드는 한옥은 보기에는 좋지만 실용적 가치는 떨어진다고 하며 춥고, 외풍도 세고, 자다보면 쩍쩍 나무 갈라지는 소리에 놀라기도 한다. 그가 바라는 것은 한옥 지원 시 조례를 만들어 달라는 것이다. 중첩규제도 좋지만 과한 피해는 최소화해 달라, 건축비 지원과 칠과 수리 등 주기적으로 필요한 한옥의 개보수 비용도 지원이 필요하다고 강력히 주장한다. 깊어지는 산성 주민들의 시름이 가벼워지길 한가위 보름달에게 기원한다.

40년 세월 동안 한결같이 한자리를 지킨
이용업계의 여왕

광주이용원 사장
김희식

중학교를 졸업하고 16살에 배운 미용기술이, 어린 동생들을 교육시켜 집안을 돕고 또한 22살에 결혼 후 40여 년 평생 직업이 되었다. 그곳에서 직접 머리를 자를 행운이 있었다. 뭔가 다르다. 주인의 면도 솜씨는 대한민국 최고의 장인경지 - 머리 감기도 환상적 - 한번 체험하시라. 위치는 역동 농협 앞길이다. 그녀 말대로 일주일이 행복할 거 같다.

"지금 생각해 보면 무슨 이유였는지 뚜렷한 기억은 없지만 졸업을 앞둔 중3 겨울방학에 집을 나왔어요. 그리고 이용학원을 수료할 즈음 아는 언니가 있는 원주 1군사령부 장군 이발소에서 면도사로 근무를 하게 됐지요. 17살부터 그곳에서 10년을 근무했어요"

경안시장에 있는 광주이용원 김희식 사장(1952년 횡성 출생)이 광

주에 온 40년 전에는 역동 입구 구 3번 종점이 뽕나무밭이었다. 당시 광주이용원에서 일하던 예쁜 희식 씨는 남자들에게 인기가 많았다. 퇴근길이면 저녁마다 동네 사내들이 지키고 기다리는 통에 못 견디고 성남으로 피신을 했을 정도였다. 이용원 사장이 몇 달 후 직접 찾아와 다시 와달라는 간곡한 부탁에 돌아온 것이 39년 7개월이란 시간이 흘러 오늘에 이르렀다. 다시 돌아온 광주이용원에서 면도사로 23년을 근무하던 중 사장이 암으로 세상을 뜨면서 광주이용원을 인수 받았다. 드디어 사장이 되었다는 기쁨의 꿈을 몇 번 꾼 것 같은데 어느새 17년이란 시간이 지나고 40년 세월 동안 한결같이 한자리를 지키며 이용업계의 여왕이 된 것이다.

평생 다른 직업은 가져본 적이 없는 김희식 사장은 원주 군부대 장군이발소에서 면도사로 10년, 이곳 광주에서 40년, 도합 50년을 이용업계에 몸 담았으니 가히 그 분야의 장인이라고 할만하다. 김희식 사장은 22살에 결혼을 하고 귀한 아들을 얻었으나 급성뇌막염으로 잃는 슬픔도 겪었다. 쓸쓸하게 지내던 동갑내기 부부는 48세 되던 해에 금쪽 같은 딸을 얻었는데 어느새 고3으로 성장하여 부부에게 더없는 기쁨을 준다.

종업원으로 일하던 시절, 그녀의 월급으로 친정 동생 두 명을 공부시켰다. 부모님은 자식 아홉을 낳아 다섯을 살렸는데 그녀가 학비를 대주었던 두 동생이 42살과 46살이라는 젊은 나이에 가족력인 심장마비로 세상을 등지는 애통한 일을 겪기도 했다. 동생들을 향한 그녀의 뒷바라지가 고마웠던 친정어머니는 그동안 고생했다며 먼저 간 두 동생 몫까지 6,000평의 토지를 물려주셨고 김 사장은 그런 어머니와 두 동생을 생각하며 그 땅을 여전히 잘 보존하고 있다.

김 사장은 가족들에게 베푸는 사랑만큼 이웃을 돌보는 일도 게을리하지 않았다. 자식 없는 독거노인이 오면 이발도 무료로 해드리고 집에 가서 청소도 해드렸으며 요양원으로 가시면 그곳을 찾아가서 보살펴드렸다. 떡을 두어 말 해 가도 누구 코에 붙였나 싶고 수박을 20여 통 잘라도 부족했지만 본인이 할 수 있는 만큼은 최선을 다했다고 한다. 어린 딸을 혼자 둘 수 없어 데리고 다녀야만 했는데 노인 냄새가 난다고 들어가지 않겠다는 딸아이를

차에 두고 일을 봐야했던 고충도 있었다. 명절이면 누구에게 용돈 한 푼 받을 길 없는 어르신들의 쓸쓸한 마음을 헤아려 넉넉하지 않은 형편에도 봉투를 만들어 챙겨드렸다. 미안해하면서도 함박 웃는 모습이 눈에 밟혀 모른 체 할 수가 없었던 것이다. 그렇게 도척면 유정리 안나의집을 몇 년 동안 다녔다. 찾아뵙던 노인들 중 마지막 어른이 2016년 9월에 작고한 후로는 손을 놓고 있다. 철심을 박은 다리 상태가 좋지 않고 건강상태가 예전 같지 않기 때문이다.

39살에 부모님을 모시고 효도관광 간 제주도에서 다리를 심하게 다쳐 4개월 여 입원한 일 말고는 50년 동안 크게 아픈 일 없이 한 길을 꾸준히 걸어온 광주이용원 김희식 사장의 그 강직한 외길 인생에 큰 박수를 보낸다.

조선시대 청백리의 표상

맹사성

영화 '워낭소리'가 300만을 돌파했다. 한평생 함께 살아온 촌부 최원균 할아버지(80세)와 늙은 황소(추정나이 40년)와의 우정이 설정된 독립영화다. 제대로 거동도 못하는 촌부는 황소를 위하여 날마다 논두렁 꼴을 베어 먹이고 황소도 한결같이 촌부 곁을 지키며 희생을 마다하지 않는다. 우시장으로 팔려나가는 운명을 감지하고 눈물을 흘리는 황소 눈물은 감동적이다. 또한 황소가 눈을 감는 순간과 죽은 소의 고삐를 풀어주고 땅에 묻어주는 장면에서 보는 이의 눈시울은 뜨거울 듯했다. 영화를 보고 나오면서 봉화의 '워낭소리' 일대를 차분하게 농촌 관광자원화 계획을 세우면 어떨까 하는 생각도 갖게 됐다.

'워낭소리'가 이 시대에 진행 중인 현대판 감동이라면, 경기도 광주에는 600년 전부터 전해 내려오는 고전판 '워낭소리'가 있

맹사성 묘역

다. '흑기총黑麒塚' 이야기다. '흑기총'은 검은 소 무덤을 의미하는데, 조선시대 정승을 지낸 고불古佛 맹사성(1360~1438)으로부터 이야기는 시작된다. 고불(맹사성의 호)이 하루는 고향 온양에서 봄을 맞는다. 그때 악동들로부터 매를 맞으며 시달림을 받고 있는 검은 소를 목격한다. 달려가 아이들을 꾸짖고 소를 구해주는데, 이때부터 맹사성과 검정 소와의 인연은 시작된다. 고불이 검정 소를 타고 피리를 불면서 한양을 오갔던 일화와 고불이 죽자 소도 며칠을 굶고 눈물을 흘리다가 따라 죽었다는 감동스토리는 '워낭소리' 이상이다.

고불의 유언에 따라 검정 소는 맹사성의 묘 가까이에 묻혀 있다. 그래서 후손들은 해마다 벌초를 해주고 술잔까지 부어준다.

태봉에서 승용차로 10여 분 거리, 직동방향으로 쭉 직진하다가 어설픈(?) '맹사성의 묘' 안내판을 보면서 동네 끝자락에 미치면 차를 세운 후 또 10여 분을 걸어서 올라가야 한다. '흑기총'은 잔디가 잘 손질되어 있다. 얼핏 보면 도톰한 빈대떡 모양인데 위쪽에 붙은 작은 꼬리모양이 쉼표꼬리처럼 귀엽다. 크기는 눈대중으로 어림잡아 지름 3m 폭에 높이는 한 뼘 정도로 낮은 편이다. '흑기총'을 둘러보면서 가장 궁금한 것이 있었다. 검정 소의 친구이며 주인이기도 한 고불의 묘가 어떤 사유로 직동에 모시게 됐느냐이다. 고불의 활동무대는 한양이었다. 또 고향은 충청도 온양이다. 전해오는 이야기는(직동에 사는 맹승재, 18대손) 한양에서 온양으로 상여가 내려가다가 판교 부근에서 쉬고 있는데 갑자기 회오리가 불어 명정(銘旌, 죽은 사람의 관직과 성씨 등을 기록하여 상여 앞에 들고 가는 기다란 깃발)이 날라 갔다. 그런데 그 떨어진 곳이 바로 직동이라는 것이다.

고려 최영 장군의 손자 사위이기도 한 고불은 조선시대 청백리의 표상이다. 음악을 좋아하고 시문에 능했다고 한다. 그래서인지 대한민국 사람이라면 아이부터 어른까지 모르는 사람이 없고 누구나 좋아하고 존경하는 어른이다. 천주교 성직자로 선종하신 김수환 추기경과도 많은 점이 닮아 보인다. 소탈 겸손하고 해학이 넘치며 효성이 지극하다. 순수한 청빈 속에 살다가 간 고불의 삶을 역사를 통해 배운다.

내가 고불의 묘를 찾은 시간은 해가 맹산에 걸리던 저녁이었다. 올라가는 길에 논배미가 아름다웠고 노래를 부를 만큼 노을에 걸린 낙엽송 디테일이 유난히 돋보이던 시간이었다. 게으름 탓일까? 아니면 무관심… 나 역시 50여 년 만에 뵙는 인사다. 어찌 보면 광주에 살면서 이제야 뵙는 건 크게 꾸지람을 받을 일이다. 남윤구 직동 이장의 말을 빌면, 옛날에는 광남초등학교의 소풍 장소였다는데 요즘은 고불 연구학자나 학생들이 자주 찾는다고 한다. 따뜻한 봄날 고불을 만나러 소풍을 떠나보면 어떨까? 할미꽃이 피는 봄날이면 더욱 좋겠다. 챙길 것은 도시락과 음료수와 아이들과 함께 즐길 고불의 '공당' 게임이다.

※ 아이들과 함께 즐길 〈고불의 공당 게임〉 방법

소를 타고 한양을 가다가 허름한 주막에 들린 맹사성이 한 젊은 선비와 장기를 두면서 즐긴 재치 게임. 질문은 말끝에 공자를 붙여야 하고 답은 당자로 끝 운을 달도록 했다.

"심심하니, 우리 장기나 한판 두지 않을 공?" "좋도록 합시당"

"어디 가는 길인공?" "한양가는 길이당" "무엇하러 가는공?" "과거보러 간당" "내가 잘 아는 시험관이 있는데 글제를 알아봐 줄공?" 젊은이는 별안간 장기판을 뒤엎는다. "뭐 이런 늙은이가 있당!" 그 후 한양으로 올라간 선비는 과거급제하고 마지막 면접시험을 치른다. 선비는 시험관 앞에서 깜짝 놀란다. 주막에서 뵌 노인이 앞에 앉아있지 않는가. "떨어뜨릴공?" "아이고 살려 줍시당!" 맹사성은 장기판을 뒤엎을 때 이미 젊은 선비의 됨됨이를 알아챘다. 물론 젊은이는 합격하여 훌륭한 관리가 된다.

과일로 35년 동안 생계를 꾸리다

과일 노점상
박금자

광주의 명동이라면 하상권 약사가 운영하는 감초당 약방 일대, 감초당에서 경안시장 쪽 방향 오른쪽 건물 담벼락에 작은 노점상이 눈에 띈다. 과일을 파는 노점상으로 매일 눈이오나 비가오나 그곳을 지키고 있는 분은 나와 동갑내기인 박금자 씨다. 35년 세월 노점상이다. 쌀가게와 야채가게, 철물점 정도 있었고 친구네 쌀가게를 자주 들락거렸던 곳으로 나와는 그때부터 시작되는 인연이 있었는지도 모른다. 풀어 보면 이야기가 쉽게 통할 듯해서 이야기를 붙였는데 그녀의 삶의 이야기는 생각보다 힘들다.

"하남시가 광주군이던 시절 동부면에서 경안면으로 시집을 왔어요. 남편은 청원경찰을 거처 양조장 일도 하고 막일을 했지요. 그런데 마침 시누 남편 건물에 작은 자투리 공간이 있어 그곳을 빌려 과일노점상을 차린 것이 어느새 35년 세월이 훌쩍 지났습

니다. 그리고 이렇게 지독한 삶을 살고 있지요."

전생에 얼마나 큰 복을 벌었을까? 처음 시작할 때부터 그녀는 세상에 다시없는 고마운 주인을 만났다. "걱정하지 말고 돈 벌 때까지 맘 편히 장사를 하라"고 위로를 해주는 분이다. 게다가 과일 저장 냉장고 놓을 자리까지 마련해주고 사업자등록증까지 배려해 주었다. 그래서 과일이 상하는 것을 줄일 수 있게 되었고, 세금계산서를 요구하는 어린이집이나 관공서에서 배달 주문까지 할 수 있었다. 이런 까닭으로 아프고 춥고 덥고 힘들어도 그녀는 행복하기 그지없었다. (생전 눈치 주는 일 없이 편하게 대해 주는 선행의 미담자는 자유문고 차인철 사장이다.)

하지만 식자재마트가 이웃에 오픈하고 남편이 이에 충격을 받아서 불면증과 우울증에 시달려 정신이 희미해지면서 탈이 생겼다. 추석에 식자재마트는 하루 매출을 1억을 팔았네, 2억을 올렸네 소문이 무성한데 노점상 매출은 1/5로 줄었다. 여기에 남편이 손을 놓으면서 남편 하던 일 모두는 부인의 몫으로 떨어졌다. 하지만 남 보기에 허우대 멀쩡한 그녀의 몸은 허당. 노점상의 뼈 마디마디는 성한 곳이 없다.

특히 시청 단속차량이 나타나면 큰일 났구나 가슴이 벌렁거리고 하늘이 노래진다. 윽박지르듯 여기서 장사하면 안 되는 것 알지 않느냐며 없는 휴대폰 전화번호를 안 댄다고 면박과 수모를 당하고 종국엔 성남지원에 가서 벌금까지 내는 일이 흔했다. 30만 원, 50만 원이 뉘 집 강아지 이름이 아니어서 사정을 해 몇 개월로 분할을 받고도 마음이 편치 않았다. 게다가 이제는 지붕을 해 덮은 저쪽만 경안시장이라고 한다. 시장에서 발행하는 온누리상품권도 이곳 노점상에게는 해당이 없다.

장사를 시작하고 처음에는 아는 사람이 오면 창피해 등을 돌리거나 숨었다는 그녀다. 35년이 지난 지금도 나이 들도록 노점상을 하는 자격지심에 어딜 가도 떳떳하지 못하다. 하지만 요즘 그녀의 삶은 감사함의 여유가 묻어 나온다. 이나마 이런 장사라도 하는 그녀를 부러워하는 누군가도 있겠지 생각이 들고 오늘까지 가정을 꾸려 올 수 있었던 것은 35년 동안 자신의 과일을 사준 광주시민들이라고 생각한다. 인도를 점령한 파라솔과 과일상자에 시민들은 많이 불편했겠지? 길을 막은 것에 미안해 하지만 그 럼에도 광주시민의 이해와 보살핌에 다시 한 번 감사를 드린다 는 박금자 씨다.

도시락을 같이 먹는 옆 노점 아주머니가 못 나온 날이면 숨어 혼자 도시락을 먹었다. 다른 사람들은 외국여행도 가고 놀러 간 다는데 외국은커녕 제주도도 못 가봤다는 그녀. 실은 광주도 제 대로 다녀본 곳이 없다. 장사가 끝나면 바로 집으로 가 식구들 밥하고, 다음 날 아침 준비하고, 빨래하고 나면 보통 새벽 두 시 가 넘는다. 늘 자정 가까운 시간에 저녁을 먹으니 제삿밥이다. 그렇게 35년을 버티어 온 과일노점상 박금자가 그래도 자랑스러 운 이유는 무엇일까? 그녀는 내일도 과일을 팔아서 생계를 꾸려 야 한다.

분청자기의 전통을 지키면서 자기 색깔의 독창성이
뚜렷한 작품을 추구하는 경기 무형문화재 41호

분청사기장

박상진

경기무형문화재 41호 분청사기장 박상진 씨(1958년생, 전북 정읍)
는 어려서부터 아버지 일터에서 오락과 놀이로 흙을 만지며 놀
았다. 특히 조다흙과 진흙의 감촉을 좋아하던 그는 46년 전 14세
에 이천 신둔면 소재 백자의 명가 지순택의 '고려도요(현 지순택
요)' 에 입문했으며 광주에 정착한 것은 41년 전이다. 그 후 쌍령
리에 위치한 광주왕실도자기 초대명장 박부원의 '도원요'에서
1974년부터 분청사기를 연마했다. 1987년 탄벌동에 '개천요'를
설립한 그는 전무후무한 명품을 선보이기 위해 혼신을 다하고
있다. 송정동사무소부터 여러 곳에 이정표가 개천요 방향을 제
시하고 있어 무형문화재를 만나러 가는 발걸음이 부드럽다.

여러 분야에 전국무형문화재가 있지만 도자기 분야는 현재 전
국무형문화재가 따로 없고 각 시도가 선정한 지방무형문화재가

있다. 처음 실시한 도자기 분야 전국무형문화재 선출 과정에서 잡음이 많아 아쉽게도 첫 회로 종결이 되었기 때문이다. 이후 문화재청은 각 도로 권한을 이관해주어 무형문화재 제도가 이어지고 있다.

도자기무형문화재 선출과정을 살펴보면 기능성은 물론 도자기에 관한 해박한 이론과 지식을 갖추어야 한다. 5~6명의 시험관이 50여 분 동안 인터뷰를 하고 질문을 하는데 답변이 원만하지 못하면 탈락의 지름길이다. 그는 8년의 준비과정을 거쳐 5년 동안은 도자기 공부에만 전념했다. 결과는 박상진 씨가 경기도 무형문화재 41호 분청사기장으로 결정이 났고 관할기관은 규정

대로 공고를 했다. 후보자에 대해 문제를 제기하는 사람이 있으면 시비를 가리는 시간이 주어진 것이다. 통례로 공고 후 한두 달이면 지정되는 것이 관례였지만 박상진 씨를 두고는 '너무 어리지 않느냐, 백자의 고장 광주에 웬 분청사기장이냐' 는 등의 시비가 있어 통례보다 몇 개월이 더 지난 다음에야 경기무형문화재 41호 분청사기장으로 지정을 받았다. 2012년의 일이다.

분청사기는 보는 이로 하여금 생동감을 느끼게 하는 힘과 자유분방한 매력이 있어서 고려청자의 세련된 아름다움과는 또 다른 미감을 드러낸다. 길지 않은 시간 동안 만들어졌던 분청사기지만 어느 도자기보다 뚜렷한 미의 세계를 이루어냈다. 분청사기기법에는 무늬를 판 뒤 백토를 감입하는 상감기법, 일정한 무늬를 만들어 그릇 표면에 찍은 뒤 백토를 분장하는 인화기법, 무늬의 배경을 긁어내어 하얗게 무늬만을 남기는 박지기법, 백토를 분장한 다음에 선 무늬를 음각으로 드러내는 조화(선각)기법, 백토물에 그릇을 넣어 분장하는 담금 분장기법(일명 덤벙기법), 분장한 뒤에 철화 안료로 그림을 그리는 철화기법, 귀얄이라는 시문 도구를 이용하여 분장하는 귀얄기법이 있다.

청자나 백자는 화장토를 사용하지 않아도 청자라 부르고 백자라 부르지만 분청자기는 화장토가 빠지면 분청자기라 부르지 않는다. 문양은 자연에서 오는 것을 으뜸으로 치며 그림을 보는 것이 아니라 형태 색깔을 우선시 한다. 옛날 도자기는 용도가 다 있었듯이 사용하지 못하는 도자기는 전통도자기라고 부르지 않는다. 그렇다고 모두가 생활자기는 아니다. 보기에도 좋아야 훌륭한 도자기인 것이다.

분청자기의 전통을 지키면서 자기 색깔의 독창성이 뚜렷한 작품을 추구하는 그에게 국내 굴지의 대기업이 운영하는 갤러리 관계자가 찾아온 적이 있다. 갤러리에 보관된 국보급 도자기 사진 한 장을 들고 와서 재현을 요청한 것이다. "내가 만든 작품도 다시 만들기 어렵다"고 대답하니 근사치라도 만들어 달라는 것이었다. "원한다면 근사치를 만들 수는 있다. 그렇지만 단순히 흉내 내기는 안 된다. 아무리 재현이라지만 나의 철학이 들어가야 하니 진품을 보고 사진도 찍을 수 있도록 해달라."는 박상진

씨의 요구에 곤란하다는 대답이 돌아왔고 "그러면 없던 일로 하자"고 했더니 결국 진품 백자를 보여주는 조건으로 수락하기에 이른다. 그가 따라간 곳에는 분청의 질감과 맛을 아는 사람만 만들 수 있는 황홀한 백자가 놓여 있었다. 이 한 점의 명품을 알현하기 위해 그는 편치 않은 요구를 했던 것이다.

도자기 한 점을 완성하는 시간을 묻자 알 수 없다고 말한다. 작품에 대한 영감이 생기지 않으면 몇 년도 손을 놓는다. 정신이 혼란스러우면 좋은 작품은 커녕 공해를 만들 수밖에 없는 일, 하지만 느낌이 오면 작업장을 떠나지 않고 끼니 거르기를 두려워하지 않으며 쪽잠을 자면서 작업에 몰입한다. 그렇게 탄생된 작품이 잘못될 까닭이 있을 리 없으며 그런 작품은 기다렸다는 듯이 주인이 나타난다. 그런 영감으로 몰입할 수 있는 시간은 흔한 일이 아니라고 한다.

자유로움의 극치에서 원하는 작품을 만날 수 있기에 언제부턴가 수강생을 받지 않고 있다는 경기무형문화재 41호 '개천요'의 박상진 씨, 그의 푸르른 내일을 응원한다.

낡은 소파처럼 광주의 리더십을 수리해야 할 때다

모아든 소파 대표
박천규

"이젠 낡은 광주의 리더십을 수리해야 할 때다."

박천규와 소파와의 인연은 오래됐다. 20대인 1987년에 소파공장을 서울에 차렸고 돈도 많이 벌었다. 평생 소파 일 외에는 다른 일을 해 본 일이 없으니 30년이 지난 지금도 소파에서 손을 못 떼고 씨름을 한다. 그래서 박천규 대표에게 '소파수리장'이라는 직함은 딱 어울릴 듯싶다. 작업장은 매우 어지럽다. 하지만 열 손가락과 일곱 대의 재봉질만 거치면 옥동자가 예쁘게 태어난다.

현재 주문받은 소파는 1990년대 한창 인기 좋았던 리오가구다. 가죽을 뜯어내는 1차 분해 작업을 거쳐서 스펀지 교체를 하고 새로운 가죽을 이어서 때 닦아내고 도색까지 완료하면 모든 작업은 끝이다.

　극한 직업에 도전하는 이들 덕분에 광주는 아직도 건강하게 잘 돌아간다. 어지러운 공장에서 옥동자가 턱턱 태어나는 모습을 보면서 어지럽고 질서 없는 광주를 생각했다.

　공장 앞마당 화단에는 이쪽 지방에선 보기 드문 꽃무릇이 요염한 자태로 피어 마치 주눅 든 다른 꽃과 풀들을 조롱하고 있는 듯하다. 모아든 소파를 처음 찾은 날, 동네 도로 민원문제로 시청에 항의하러 간 남편을 아내는 흉을 보는데 듣다 보니 흉인지 자랑인지 흉 같은 자랑이 오밀조밀하다.

　"젊어서는 한참을 안 보인다 싶어 TV를 틀면 데모 현장 앞자리에 남편이 있는 거예요. 외골수인 남편은 불의와 부당한 것을

보면 참지 못해 서슬 퍼런 전두환 계엄 하에서도 늘 노동운동의
앞자리에 섰지요. 붙잡아 오기를 여러 번 반복했는데 어느 날부
터 남편은 소식이 없고 집에는 몇 달씩 경찰이 상주하는 거예요.
처음에는 두렵고 어색하기도 했지만 경찰도 밥은 먹어야할 것
아닌가요? 밥 때가 되면 우리 먹는 상에 숟가락 하나 더 얹었지
요. 애들하고 먹고는 살아야겠기에 부업을 했는데 밥값은 해야
할 것 아니냐며 경찰에게 밀린 부업거리를 던져주니까 곧잘 하
더라구요. 그렇게 살았어요."

부부 둘이 운영하는 공장을 다시 찾아간 날은 남편 박천규 씨
(1956년 전남 함평 생)와 아내 김미숙(60년생) 씨가 7대의 각기 다른
기능의 재봉틀을 사용하며 에이스침대 자매회사 리오가구에서

1990년대에 만든 클래식 소파를 리폼하고 있었다. 모두 분해해서 뼈대에 붙어 있는 이물질을 제거한 후 찌든 때를 벗겨내고 투명 우레탄 도색도 하며 스펀지도 교체하고 늘어난 밴드와 주저앉은 스프링은 교체하고 가죽도 바꾸는 일이다.

"1·1·3인용으로 가격이 5~6백만 원하던 이 소파는 수리비가 250만 원 정도합니다. 좀 사는 동네에선 돈을 아끼려고 수리를 하는 것이 아니라 애착과 정이 남아서지요. 가격도 새것의 반값이면 가능하고요. 대신에 시간이 더 걸리더라도 환상적인 느낌이 나도록 열과 성을 다해 수리합니다. 내가 봐도 '참 잘 나왔다'라는 생각을 하면서요. 서초 강남에만 60여 개, 송파 강동에 40여 개의 수리 공장이 있는데 다른 지역에 비해 압도적으로 많은 것을 보면 알 수 있지요.

순전히 손으로 하는 작업인데 스펀지 넣고 무늬 만들고 미싱 돌리다 보면 손가락 관절은 상하고 어깨는 굽어 꼽추처럼 어깨가 솟는 사람도 있어요. 우리 일이 직업병이 심합니다. 26세부터 이 일을 배웠고 서른 갓 넘은 87년에 공장을 차린 것이 벌써 30년이 지나 오늘에 이르렀네요. 노래방, 단란주점, 룸싸롱, 스텐드바 등이 유행하던 시절이 봄날이었어요. 무섭게 일했지요.

광주 생활은 2000년도에 이곳에 터를 잡으며 시작했습니다. 올해는 작년보다 일이 40%는 줄었어요. 모두들 많이 어렵나 봅니다. 더군다나 요즘 젊은 세대는 일회용을 선호하다보니…"

30년이라는 긴 세월을 소파와 함께 건너온 그에게 요즘 공장을 운영하면서 어려운 점은 무엇인지 물어보았다.

"영업사원이 따로 없으니 직접 영업을 나가는데 어려운 점이 많아요. 동종업체의 젊은 친구들과 경쟁을 하게 되는데 아날로그인 나는 샘플을 들고 한장씩 넘기며 설명을 하면 저쪽에선 노트북으로 여러 색상을 한눈에 비교 해주거든요. 결과는 말 안 해도 알겠지요? 제조기술자인 우리들은 영업이 늘 생소합니다. 늘어진 어깨로 돌아와도 밤에는 또 쌓인 일을 해야 하지요. 영업도 하고 미팅도 해야 했으니 하루 근무시간 계산은 어려워요. 자유로운 대신에 일하는 시간은 월등히 많습니다. 여러분들이 장인이라고 불러 주시는데 장인도 백수인 날이 있어요."

주로 소파 천갈이, 맞춤제작, 특별제작 등의 일을 하는 '모아든 소파'.

이제는 입소문이 꽤 나서 알음알음으로 연락이 오기도 하고 더러는 중간업자들의 소개도 받는다고 한다.

두 부부의 손길로 완성된 소파에 앉는 이들이 언제나 행복하고 건강하길 바라는 그는 천상 소파 장인이다.

내 마을의 자부심인 학교를 구하자!

상번천리 노인회장

오주환

"나는 당당하다!"라고 외칠 수 있는 공무원은 그리 많지 않습니다. 폐교 위기의 상번천리를 구한 오주환(1947년생) 상번천리 노인회장의 공직생활은 참 당당했습니다. 1시간여 인터뷰하면서 거칠 것이 없으셨습니다. "일한 만큼 월급만 받았다." "돈을 제일 무서워 했다." "돈 먹었으면 진작 죽었다." 모두 우리 사회가 귀담아 들어야 하는 소중한 말씀들입니다.

1972년 공무원의 길을 걷기 시작하여 1998년에 퇴직을 한 그는 광주가 낳은 자랑스런 광주사람입니다. 공직생활 끝날 때까지 '단 한 푼의 금품도 민원인으로부터 받지 않았다.' 라는 당당함이 어디서 나오는 걸까요? "공무원은 사심이 없어야 한다."고 잘라 말할 수 있는 용기가 그에게는 있습니다.

키워드는 '광주사랑' 입니다. 주민과 민원인의 입장에서 '안되는 게 없다!'라는 신념으로 맘껏 광주사람들을 도와주고 사랑하면서 사심 없이 공직생활을 펼쳤습니다. 여기에 '돈으로 꿀리면 모든 게 끝난다.'라는 강한 신념이 바탕이 됐습니다.

불법과 청탁성 민원은 과감하게 접근을 차단했고, 소신이 서면 적극적으로 해결해 주었습니다. 도장 하나로 민원인들을 울리고 웃게 하는 7년 산업계장은 그래서 가능했습니다. 심지어 민원 처리 후 서랍 속의 작은 돈 30만 원 현금 유혹도 모두 기꺼이 돌려줬습니다.

그래도 삶의 무게를 지탱하기는 쉽지 않았나 봅니다. 공무원 생활 3년 차에 10만 원 적금을 아내에게 내주어 떡방앗간을 시작했습니다. 소를 키우기도 했습니다. 공무원 봉급으로는 2남 1녀를 키우기에 힘겨웠던 것입니다.

지난 가을 번천초 총동문회가 주최한 마을주민들이 함께 하는 운동회 겸 노래자랑에 참여했다가 이분의 선행담을 들었습니다.

"내 마을의 자부심인 학교를 구하자!"

요즘 잘나가는 번천초가 1998년 폐교를 당할 위기가 있었답니다.

"한때 번천초는 농촌마을인지라 학생 수가 급격히 27명까지 줄었습니다. 100명 미만이면 학교가 폐교된다는 이야길 접하고 기겁을 했죠. 생각난 게 장학회였습니다. 번천초 장학회를 만들자! 그리고 내 마을의 자부심인 학교를 구하자! 오직 마을의 대표적 유물인 학교만은 꼭 살려야겠다는 생각뿐이었습니다. 그래서

번천초 장학회 아이디어에 이어 초대 이사장을 맡아서 마을주민 들의 큰 도움을 받아 학교를 구할 수 있었습니다."

그때를 회상하는 오주환 회장은 번천 주민들의 따스한 마음이 있었기에 번천초 살리기가 가능했다고 합니다. 당시 상수원 피해보상금이 마을에 매년 2억3천만 원이 나왔는데, 주민들이 학교를 살리기 위한 흔쾌한 동의가 있었고(자기 몫은 포기) 그래서 좋은 학교 만들기가 가능했다는 겁니다.

그 돈으로 번천초는 대한민국 최초의 무상급식 학교가 되었고 또한 학교버스를 구입해서 광주 읍내 어린이들을 모아서 통학시켰다고 합니다. 27명이었던 학생이 곧바로 1년 만에 104명으로 늘어나서 지금은 지역사회의 자랑스런 열린 모범학교로 자리매김하였습니다.

5년째 광지원노인회장으로 봉사하는 그는, 이제는 큰 아들이 운영하는 42년 된 떡 방앗간을 기웃거리기도 하고, 크면서 단 한번도 화를 내거나 부모에게 대든 적이 없는 더불어 민주당 광주시 (갑)지역위원회 여성위원장인 딸 오현주 씨의 일취월장을 소원하기도 하고, 광주경찰서에 근무하는 작은 아들을 안쓰러워하기도 하며, 동네 형님들의 안부도 물으며 긍정적이고 너그럽고 푸근하게 하루를 살아가고 있습니다.

모두 정도의 길을 갔기에, 거짓 없는 당당한 삶이기에 가능한 일. 자랑스럽습니다.

1974년부터 팔당호에서 고기를 건져 올리는
광주의 자랑스러운 어부

어부

우창배

어제 광주의 자랑스러운 어부 한 분을 만나 뵈었다. 우창배 씨
(1941년생).

우창배 씨는 팔당댐이 완공되었던 1974년부터 팔당호수를 배
경으로 고기를 건져 올리는 광주에 몇 명 남지 않은 분 중에 한
사람이다. 옛날 영화스러웠던 퇴촌면 오리 사람들의 나루터 고
기잡이 이야기를 흥미진진하게 들었다.

아버지가 어부였고, 가업으로 고기잡이를 하던 형이 동생에게
배를 넘기고 농사를 지으면서부터 그의 어부 인생은 시작되었
다.

"동네 사람들이 대부분 어부였던 시절이었지요. 1974년 5월
팔당댐이 준공되고 호수에 물이 차면서 팔당은 고기가 많아 물
반 고기 반이었다."고 회상한다. 배가 없는 사람도 하루에 징게

미를 10kg 이상을 잡았고 그 당시 강 건너 댐 배알미에는 수십여 점포의 포장마차가 성행하고 있어 늘 장이 섰다고 한다. 그의 말에 의하면, 배알미가 팔당 근교 매운탕의 시발점으로 쌀장수 고추장수 등 각종 장사꾼들의 난전이 펼쳐지고, 댐에서 잡은 고기는 싱싱하고 깨끗한 물고기라고 소문이 나면서 매운탕 집 손님이 줄을 섰다.

3일에 한 번씩 1시간 가량 노를 저어 댐 쪽으로 가서 물고기를 물지게에 옮겨 포장마차 촌으로 날랐다. 상인들은 뜰채로 저어 비실거리는 고기는 제쳐두고 팔팔한 고기를 골라갔다. 처음에는 조금 얄밉기도 했지만 비가 오고 눈이 내리고 바람이 불어도 잡히는 대로 팔리니 신이 났다. 산 물고기가 우선으로 팔리다보니 어부들도 오래 사는 메기나 빠가사리가 그물에 걸리면 좋아했다. 한번은 우창배 씨가 일이 있어 아내가 혼자서 고기를 팔러 간 일이 있었다. 아내는 일을 마치고 집으로 돌아오는데 아무리 노를 저어도 배가 나가지 않아 기운은 빠지고 난감해 하고 있었다. 그때 어떤 사람이 불러 돌아보았더니 속히 배를 옆으로 저어 나오라고 소리치더란다. 영문도 모른 채 가까스로 뭍에 닿아 물어보니 때마침 장마철이라 팔당댐 수문을 열어 방류를 하고 있었다는 것이다. 아내는 그것도 모르고 물길을 거슬러 돌아오려고 길을 나섰던 것인데 생각만 해도 아찔한 순간이었다고 창배 씨는 그때를 회상한다. 호황을 누리던 어부 우창배 씨에게 걱정이 생겼다. 배알미의 불법 포장마차를 철거한다는 소문이 들리면서 판로 걱정에 안절부절했다. 그러나 천호시장의 상인이 차량을 가지고 와, 잡은 물고기를 사가기 시작하며 걱정이 해결되기도 했다.

아버지 때부터 강을 터전으로 살아가는 어부집안이었으나 댐 건설 후 생긴 법에 의해 불법조업으로 몰리다 보니 단속을 피해 30년을 새벽 두 시에 일어나 그물을 놓고 거두었다는 부부. 단속에 적발되면 사람만 내려놓고 다 빼앗아갔다. 한번은 작정을 하고 온 단속반 배에 압수당한 온 동네 불법어선이 일렬로 끌려가는데 우창배 씨는 물에 뛰어 들어가 자신의 배에 줄을 끊어 산으로 끌고 올라가 지켜낸 일도 있었다. 배를 무슨 힘으로 산까지

끌어올렸는지 알 수는 없지만 가장의 무거운 책임감을 읽을 수 있었다.

그의 집 본채는 6·25 때 불에 타 없어지고 겨우 지탱하고 있던 두 칸의 외양간을 고쳐 일가를 지켜내면서 형용할 수 없는 천대와 설움 속에서 30년 만에 광주시 어업허가 4호를 받아냈다. 현재 광주시에는 퇴촌 광동리 2명, 오리 3명, 남종 삼성리 1명, 분원 2명 등 총 8명의 어부가 있다.

한때 성업을 이루던 물고기 잡이도 이후로 내리막길을 걷게 된다. 완공 당시 맑았던 댐의 수질은 곧 썩어가기 시작했고 잡히는 물고기도 줄어 수매 차량도 오지 않았다. 판로는 끊기고 가뭄에 콩 나듯 손님이 오니 자연스럽게 고기잡이를 등한시하게 되었다.

2009~2010년경에는 붕어즙이 유행하여 반짝 특수가 있었으나 농번기와 산란기, 얼음이 얼어 줄어가 어려운 겨울을 제외하면 1년에 3개월 가량 조업이 가능하다. 근래에는 잔고기도 보이지 않는 호수의 문제는 부들과 갈대가 썩어 물속에 쌓이고, 댐 건설 이후 한 번도 손보지 않은 바닥은 뻘과 쓰레기로 오염이 되어 산란이 어렵게 되었으며, 유해 어종 퇴치선이 1년에 수십 톤을 잡아내도 끝이 없는 블루길과 베스 등으로 인해 팔당호는 죽은 큰 웅덩이일 뿐이라는 것이다. 그 당시 분뇨를 거름으로 쓰지 않는 땅에서 생산된 농산물만 납품을 받던 미군은, 장마로 범람해 거름 없이도 작물이 잘 자라던 이곳에서 생산된 농산물을 선호했었다. 그런 이유로 한때는 120호가 사는 큰 부촌이었던 오리의 영광을 다시 찾는 길은 팔당호의 대청소와 어도설치라며 하루 빨리 바른 계획을 세워 호수를 관리해야한다고 호소한다.

대쌍령리 돌담길에 매료되어
광주에 정착한 장식용 분청의 대가

광주시 광복회 회장

이강세

지난 6월 6일 현충일 행사장에 참석했다가 쌍령동에 사는 이강세(1946년생) 선배가 광복회 광주하남연합회 지회장이라는 사실을 알게 되었다. 광복회 지회장의 직분이 어떠한 의미를 뜻하는가? 일제의 탄압에 항거해 자주독립과 조국광복에 헌신한 독립유공자와 그 유족으로 구성된 단체의 장이다. 새삼 그의 가문이 궁금해졌다. 여러 번 만나기를 청했지만 그의 바쁜 일정 탓에 미루어지다 겨우 만날 수 있었다.그를 만나 이야기를 나누면서 흐뭇하고 기쁜 마음이 들었다. 그가 대한민국 정통 광복군의 후손이라는 사실과 함께 내가 평소 존경하는 이응노 화백의 조카라는 또 다른 사실도 알게 되었기 때문이다. 이 회장의 친할아버지는 구한말 의병장이었던 이근주 열사다. 열사께서는 장성하면서 강직한 성품으로 시국을 논할 때면 과감하고 격한 언사를 사

용하는데 주저하지 않았으며 청렴고상하고 지조절의를 중시했
다. 또한 1895년 명성황후가 시해된 을미사변에 분기하여 홍주
(지금의 홍성)에서 김복한 등과 의병을 일으켰다. 이근주 열사는 나
라를 빼앗기자 부친의 묘 앞에서 자결했을 정도로 그 의로움과
나라사랑하는 마음이 대단했던 분이다. 그의 의로운 정신을 기
려 정부에서는 2017년 11월의 독립운동가로 이근주 열사를 선정
하였다. 이강세 지회장은 2년 전, 할아버지 이근주 열사의 기록
물을 직접 발굴하여 세상에 공개했다.그러면서 독립유공자로 선
정되는 과정의 모든 자료 발굴을 후손에게 떠넘기는 우리의 현
실을 안타까와했다.이회장의 작은아버지인 이응노 화백은 한국

현대사의 굴곡 속에서 하나됨의 어울림을 갈망했던 세계적인 화백이다. 예전 PD시절 수덕사 수덕여관에서 이 화백의 부인을 인터뷰한 일이 있었다. 하얀 소복을 단정히 차려 입은 기품 있는 모습이 기억에 생생하다. 바로 그분이 이회장의 작은 어머니로 이 회장을 친자식처럼 보살펴 주었다는 이야기를 들으니 그때 보았던 기품이 깊은 인품에서 우러난 것이었음을 알 수 있었다. 이 회장은 성삼문 김좌진 한용운 등의 애국지사들을 배출한 홍성이 고향으로 세 때 대쌍령리 돌담길에 매료되어 광주에 정착했으며 그는 현재 장식용 분청의 대가이며 도자 업체인 '우출요'의 대표이다. 이회장은 1965년 10대의 나이로 광복회 창립멤버로 참여했으며 2016년에 광주하남 광복회 지회장이 되었다.

지역예술을 사랑하는 마음이
품위와 향기의 도시를 만든다

예총 광주시연극협회 지부장
이기복

'파발교 연가'의 연출자 이기복 선생

KBS '문화가산책'을 연출할 당시 참 많이도 서울 동숭동 골목 길을 누비고 다녔다. 연극을 취재한답시고 다녔지만 학창시절의 경험이 없어서인지 별반 연극에 대해서 흥미를 붙일 수 없었다.

이기복(1956생 대전출생) 선생은 아이러니하게도 나에게 연극에 대해 흥미를 유발시켜준 분이다. 2000년도 초일까? 처음 뵈었다. 경화여고 연극지도 선생님 시절. 파발교 근처 유가네 칼국수집 이라는 음식점이 있었는데 지하 30명 들어갈까 말까하는 작은 공연장에 웅크리고 앉아서 선생의 연출 연극을 보았다. 재미와 경쾌한 연출이 돋보였다.

그리고 10여 년 만에 선생을 뵈었다. 2017년 10월, 광주시 문화공연장에서 선생이 연출한 오페라 '달을 태우다'를 보았다.

예전과 다른 점이 있다면 입장료다. 예전엔 무료이었는데 이번
엔 입장료가 있다. 2만 원, 기꺼이 4만 원을 투자하고 큰 박수까
지 보냈다. 작품 수준과 환경이 수십 배 튀어 올랐다. 이런 작품
이라면 서울 중앙무대 어디에서라도 꿀릴 게 없다.

　이기복 씨는 일명 빵빵이 시대에 태어난 죄로 탐탁한 고등학교
를 갈 수 없게 되자 신부님의 소개로 광주광역시에 있는 사레지
오고등학교에 장학생으로 입학하여 기숙사 생활을 한다. 이태리
출신의 신부님이 성경 이야기로 연극을 만들고 싶어 했는데 서
울말을 하는 이기복 씨도 참여하게 되면서 연극과의 인연이 시
작되었다. 가톨릭대학교를 가서도 극회 활동을 한 그는 1981년

경화여중에 윤리교사로 부임하면서 광주에 온다. 학생들의 생활 지도를 맡게 되어 가출한 학생들을 찾아와 여러 방법을 취해 보았으나 가출이 되풀이 되자 연극을 해보면 어떨까 생각하게 된다. 아이들이 가출해서 일어나는 선극 '방황하는 별들'의 대본을 읽게 하였더니 자신들의 이야기라고 재미있어해 연극반을 만들었다. 이후 다른 학생들도 연극반에 들어왔고 일부는 연극영화과에 진학을 했으며 대학로에서 연극을 하다 한계를 느끼고 찾아와 극단을 만들자고 제의를 하는 제자들도 있었다.

이기복 씨는 1991년 광주문화원에서 온 전화 한 통을 받는다. 경기도에서 소인극(아마추어라는 뜻) 경연대회가 있는데 경화여중이 광주 대표로 나가달라는 내용이었다. 원정언의 '위대한 영웅'이란 대본과 함께 200만 원의 지원금까지 받았다. 그 해 학교 연극 예산이 10만 원이었으니 큰 금액이었다. 무대를 세우고 세트를 만들어 연습을 하고 출전한 결과 100만 원의 상금을 받게 된다. 받은 상금을 연극을 위해 투자했고 다음 해에는 지원금 500만 원을 받고 같은 대회에 출전해 1등을 하여 경기도지사상과 상금 300만 원을 거머쥔다. 그것을 계기로 졸업생들이 그동안 요구한 극단을 만들게 되는데 이름은 파발극회(1993년)라 지었다. 방치된 소강당이 있어 이사장에게 양해를 구하고 개조해 극장을 꾸몄다. 예술고도 아닌 일반고가 공연장을 갖추고 공연을 하니 연극계의 주목을 받게 된다.

경화여상이 인문계로 바뀌면서 연극반 활동에 제동이 걸린다.

40여 명 단원들의 연습 차질은 물론 발성연습에 큰 문제가 생긴 것이다. 시내에 있는 유가네칼국수 지하 70평을 세로 얻어 극장으로 꾸며 2005년~2011년까지 광주예술극장이란 이름으로 무대로 삼았다. 이기복 씨는 퇴임까지 30년 동안 청소년극을 했으며 그동안 연극영화과에 입학한 제자가 307명이 된다. 개중에는 연기학원을 차려 후학들을 가르치기도 하고 직접 극단을 운영하는 제자들도 있어 선순환 구조의 틀을 잡았다.

지난 11월 10일~12일에 공연한 광주를 소재로 한 '파발교연가'도 1980년대 추억을 조사하는 일을 시작으로 1년여를 공들인 작품이다. 기존 작품을 무대에 올리려면 저작권문제 해결이 쉽지 않다. 지금은 아예 그가 대본을 쓰고 있다. 광주는 연극의 소재가 많은 곳이다. 서울이나 성남에서 밀려난 사람들의 이야기와 서울에서 가깝지만 농촌으로서의 광주를 지키려 애쓰는 사람들의 이야기들을 들으며 대본을 구상한다. 지역에서 예술활동을 하는 이들에게 가장 힘든 점은 서울에서 성공한 대작을 불러내려 자랑하듯 하는 공연이라고 한다. 물론 지방에 사는 관객들에게 중앙무대의 대작을 볼 수 있는 기회를 마련해 주는 것은 좋은 일이지만 그로 인해 지역 예술가들의 활동은 한없이 위축되기 때문이다. 지역인들이 지역을 소재로 이야기하며 함께 웃고 울며 박수칠 때 관객들도 감동과 재미를 더하며 내가 살고 있는 동네가 이렇게 멋진 곳이고 살만한 곳임을 느끼게 하는 것이 지역예술이 할 일이라고 이기복 씨는 일갈한다.

　지역예술을 발전시키기 위해 문화재단을 만들어 전문가들이 광주를 끌어가는 것이 바람직하다고 한다. 돈 먹는 하마라고 폄하하지만 문화재단이 하는 일은 적자를 내는 것이 당연하다. 바로 그게 복지인 것이다. 물품을 나눠주는 것만 복지가 아니다. 좋은 공연을 보며 웃고 행복할 수 있게 하는 문화를 위해 시에서 관심을 갖고 문화재단은 시비로 운영되는 것이 백번 당연하다고 본다. 그는 대학로에 180여 곳과 전국에 120여 곳의 한국소극장협회 부이사장과 예총 광주시연극협회 지부장, 교사연극협회 이사, 극단파발극회 대표로 연일 바쁜 일정을 보낸다. 2013년에 사비를 털어 개관한 청석에듀씨어터는 테라스에 앉아 맥주를 마시며 시니어들이 주니어에게 셰익스피어를 이야기하고 가르치는 영국의 소극장을 모델로 지었으며 문화의 중심은 소극장이라고 강변한다.

그가 무대에 올린 '남한산성'은 4부작으로 첫 해 '천명'에 이어 '북벌', '충절', '산성의 기'를 4년에 걸쳐 공연했고 이어서 '토혼'을 공연하였는데 5편 모두 야외극으로 공연했다. 그리고 위 5편에서 천민의 이야기가 빠져 병자호란 때 인조를 업고 남한산성을 올라가 용포를 하사 받은 천민 '흔남'이란 인물을 실화를 바탕으로 '달을 태우다'를 개발했다. 흔남이란 이름은 흔한 남자라는 뜻이다. 지천에 깔린 질경이 민들레 같이 많은 천민들이 이 나라를 지켜왔음을 상기시키는 것으로 당시 산성에는 의병들의 활동이 대단했다고 기록되어 있다.

인구 50만 정도가 예술하기 가장 좋은 조건이라면서 광주야말로 예술이 꽃 필 절호의 기회라고 기대를 감추지 않는다. 이기복 씨처럼 지역예술을 사랑하는 이들이 있어 광주는 품위와 향기의 도시로 채워지는 것이다.

광주는 보물 같은 곳이다. 원석을 가공하듯
광주가 가지고 있는 문화유적지를 발굴해서 알려야 한다

현절사 도유사
이단우

학산 이단우(李澹雨 1946년생, 충남 대청) 선생은 광주의 문화와 역사에 대해 어느 누구보다 해박한 지식을 갖고 있는 분으로 성균관 유교신문의 주재기자, 광주문화원 광주학 연구위원, 현절사 도유사, 초월읍 쌍동리 노인회장, 성균관 전인 등의 굵직한 직함들이 여럿이다. 이단우 선생을 처음 본 것은 지난 가을, 백제 온조대왕의 위패를 모신 숭렬전 제향을 봉향 하던 자리에서였다. 광주유림회에서 관장하는 숭렬전 제향에 그는 현절사의 도유사로 참석하였다. 이단우 선생은 현절사의 모든 행사를 주관하는 막중한 직책을 맡고 있는 것이다. 사당마다 총책임자를 일컫는 직책명이 약간씩 다른데 숭렬전의 총책임자는 참봉이라 부른다. 이 정도면 그를 광주에서 조상 대대로 살아온 집안의 후손이려니 생각하겠지만 뜻밖에도 그는 대청댐이 건설되면서 수몰된 충청도가 고향으로 1996년 광주에 입성하였다.

건축업을 하던 그가 타향인 광주에서 토박이들보다 광주에 대해 해박한 지식을 갖게 된 것은 일찍이 한학을 익히며 그 정신을 바탕으로 나라 사랑하는 마음을 실천하고 있었기 때문이다. 그는 유서 깊은 광주 문화유적에 관심을 두고 적극적으로 방문과 연구를 통해 유적과 역사에 대해 구체적으로 다가서게 되었으며 그로인해 광주문화원과 인연을 맺으면서부터다.

빌라를 완공하면 보증보험을 들어야 하는데 보험을 권유하러 왔던 사람이 광주문화원에 관계된 박문종 씨였다. 그는 이단우 선생의 해박함을 보고 광주문화원에 와서 일할 것을 권유하게 된다. 이어 이상복 당시 광주문화원장을 만나게 되며 그의 활약이 시작된다.

광주의 역사와 문화재에 대한 그의 해박한 지식은 쉼 없는 열정에서 비롯된다. 사업 중에도 틈틈이 관내 문화유적지를 찾아 참배하고 그곳에 얽힌 역사적인 자료들을 세세하게 찾아 익힌 결과다. 유교신문 광주 주재기자로 유림에서 활동을 하는 그는 하남광주향교에서 행해지는 행사를 취재하여 유교신문에 송고하는 일을 한다. 소임을 다하기 위해 교학상장(教學相長-가르치는 일과 배우는 일이 서로 자신의 공부를 진보시킴)을 새기며 광주는 물론 전국의 문화유적지를 500차례 이상 답사를 한 열정파다. 가본 곳도 미진하면 다시 가기를 미루지 않았으며 알려지지 않았던 광주의 역사가 묻어나는 이야기와 문화재를 발굴해내기도 한다.

　광주유림의 유생으로 그가 이룬 또 하나의 공功은 광주시장이
당선인사로 현절사를 찾아 고유례告由禮를 드리게 한 것이다. 고
유례란 '아뢴다'는 뜻으로 의복을 갖춰 입고 어른께 인사를 드
리는 것을 말함이다. 나라에 중책을 맡은 이들이 현충원을 참배
하는 것처럼 광주의 시정을 책임지는 시장은 당선인사로 현절사
에 참배하여 삼학사의 충절을 마음에 깊이 새기는 것이 당연한
순서이기 때문이다. 남한산성에 있는 현절사는 병자호란 때 적
에게 항복하기를 끝까지 거부하다 끌려가 참형을 다한 삼학사(윤
집, 홍익한, 오달제)의 충절을 기리고 넋을 위로하기 위해 지은 사당
으로 광주시민들에게는 호국의 의미가 깊은 곳이기 때문이다.

그뿐만이 아니다. 초월읍 쌍령리에는 병자호란 당시 남한산성에 피신해 있던 인조를 구하러 나선 의병들이 청군에 몰살당한 정충묘라는 사당이 초라하게 오랜 세월 방치되어 있었다. 비록 참패를 당한 전투지만 그들이 흘린 피와 충정은 분명히 높이 평가받아야 할 일이기에 3년 간 전국을 답사한 기록으로 정충묘를 복원하는데 일조를 했다. 그동안 정충묘는 동네 주민들이 제를 지냈으나 지금은 시에서 예산을 지원하고 있다.

그의 열정은 광주 지역의 역사를 알고 지켜나가는 일에만 국한되지 않는다. 워낙 산을 좋아하는 그는 백두산 등정 네 번을 비롯해 히말라야의 명산들과 후지산, 록키산, 뉴질랜드의 쿡산, 스위스 몽블랑 등 세계의 명산들을 두루 섭렵한 경력자다. 다녀온 산의 높이를 정확히 기억하고 있었으며 노래방을 가도 책의 도움 없이 좋아하는 노래의 번호를 마음껏 눌러 노래를 부른다. 70대의 기억력이라고는 믿기지 않았다.

　일상에서 배우고 가르치기를 게을리하지 않는 그는 해외의 산을 다녀오면 손주들에게 여행의 과정을 조곤조곤 들려준다. 예를 들면 히말라야를 등정하기 위해서는 카트만두에서 포카라로 이동하여 트레킹을 시작하게 되는데 우리가 마시는 포카리스웨트는 이곳 포카라에서 따온 것이다. 포카라는 네팔 제2의 도시이며 네팔 여행의 중심지로 여행자들의 발길이 끊이지 않으며 사철 온화한 날씨 덕분에 언제든지 히말라야의 만년설을 볼 수 있기 때문이기도 하다는 식으로, 직접 경험하지 않아도 할아버지의 생생한 경험을 전해들은 이야기들은 아이들에게 더 넓은 세상을 꿈꾸게 하는 산교육인 것이다.

　20년을 광주의 문화유적지 복원에 힘쓴 이단우 씨의 바람은 문화유적지에도 스토리텔링을 만들어 사람들을 불러 모아 관광자원으로서 활용하는 것이다. 예를 들면 정충묘 전투지에서 청군에게 참혹한 죽임을 당한 황시현이라는 이가 있다. 인조를 지키기 위해 창원에서 올라온 황시현의 직책은 장수의 부관이었는데 모시던 장수가 죽으며 넘겨준 직인을 쥔 양손을 청군에게 차례로 절단 당하자 입으로 물면서까지 포기하지 않았다는 이야기가 전해진다. 쌍령전투에서 순국했으니 스토리텔링이 충분한 소

재지만 광주에서는 무관심으로 일관된 반면 그의 고향인 창원에
서는 황시현의 이런 충정을 높이 사 해마다 3일 간의 문창제 놀
이를 하며 관광객을 유치하는 행사로 자리매김했다. 이밖에도
정지리에는 안태봉과 바깥태봉이 있는데 이는 연산군의 아들과
영조 딸의 태가 묻혀 있는 역사적 가치가 있는 곳이지만 안타깝
게도 방치되고 있다. 이단우 씨는 말한다.

"광주는 보물 같은 곳입니다. 파면 팔수록 숨어 있는 문화유적
지가 드러나지요. 원석을 가공하듯 광주가 가지고 있는 문화유
적지를 발굴해서 알려야 합니다."

타향이지만 어느 누구보다 광주를 사랑하는 충청도 양반으로
말이 빠르고 대단히 매끄러운 학산 이단우 선생을 자랑스런 광
주학 박사로 모신다.

길이다 싶으면 굽히지 않고 간다

경기소리보존회

이명희

지금이 가장 행복하다.

대수술을 하고 이제 겨우 3개월 지났지만 무대에 서 우리의 혼의 소리를 전달하는 일이 벅찬데 어떻게 편히 쉴 수 있느냐고 반문하는 이명희 명창은(1968년 서울 출생) 잠자는 시간마저 아까워한다. 그는 무대에서 죽기를 소원한다. 일주일에 두 차례 수업을 하며 공연 연습실로 활용하고 있는 경안동 성당 옆에 자리한 한국경기소리보존회 광주시지부 사무실에서는 문화센터 등에서 활동할 강사를 배출하기 위한 교육을 한다.

대상은 경기민요 이수자와 선생님들이다. 광주시에 국악을 알리고 우리 음악에 대한 이해의 폭을 넓히기 위해선 외부강사 보다는 광주 국악인들이 나서야 부드럽고 원활한 소통으로 이어질 수 있다는 확신으로 인재를 양성하는 노력을 하고 있는 것이다.

현장교육의 중요성을 알기에 강의요청을 받으면 제자들을 동반해 현장의 흐름을 느끼고 배우게 한다.

하지만 그들에 대한 대우는 미흡해서 지난 가을축제에서 명창과 이수자 등 10명이 출연한 공연료로 20만 원 든 봉투를 받아 나누기도 난감해 기금으로 내고 왔다고 한다. 어느 가수는 노래 3곡에 1500만 원을 받기도 하는데 하물며 우리의 음악을 지켜내는 명창과 이수자들도 생활인인 것을, 그들의 입장을 배려해주는 시대는 요원한 것일까?

광주시는 31개 리에 속한 마을회관 중에 시범적으로 3곳을 뽑아 국악을 가르치는데 이명희 명창은 현장의 교육을 책임지고 있다. 주민들과 식사도 나누며 지역문화의 틀을 만드는 기초부터 다져가고 있는 것이다. 광주시 주민으로 20년을 살면서 고향이 되어버린 광주의 전통국악과 경기민요를 지켜내자는 힘겨운 노력이 이어지고 있는 것이다.

어린 시절 고향 주변에는 민요학원이 있어 5살부터 흥에 겨워 그곳을 맴돌며 노래를 따라하고 춤을 추다가 입문한 이명희 명창은 중요무형문화재 57호 묵계월 명창을 스승으로 모시고 57호를 이수하며 전수 장학생으로 발탁되어 대학을 진학한다.

또한 경기도중요무형문화재 31호 임정란 명창을 모시고 31호를 이수한다. 중요무형문화재 19호 선소리 산타령을 연마했으며 대학에선 안비취 명창을 스승으로 모셨고 김영임 명창 조교로 10년을 수련했다. 또한 경기도립예술단에서 단원으로도 근무했다. 중앙대 교육대학원에서 강의를 했고 지역 유지라는 분께 '굴러온 돌이 박힌 돌을 빼고 있다'는 소리를 들으며 문인협회, 국악협회, 무용협회를 필두로 광주시예술인총연합회 추진위원장직을 맡아 방망이를 두드려 예총을 탄생시킨 주역이다.

KBS 국악경연대회 장원, MBC 전주대사습 민요부 장원, 제7회 경기국악제 대통령상 수상, 지화자 이호연 등 쟁쟁한 선배들이 참가한 대회에 어린 나이로 출전해 2등을 하는 등 국악인으로는 장관상을 가장 많이 수상한 경력의 이명희 명창은 쉬는 날 없이 바쁜 일정을 소화해 내고 있다.

아직도 기록이 깨어지지 않는 최연소(29살) 대통령상 수상자이지만 지나고 보니 세상을 좀 더 알았을 때 큰상을 받았어야 했다는 것을 느꼈다고 한다. 전주대사습놀이, 경기국악제(경기민요 대통령상 뽑는 대회) 등 크고 작은 대회에 심사위원으로도 활동하고 있다.

10여 년을 투병 끝에 2년 전에 작고한 고수이며 선소리 산타령 이수자인 남편 안충근 씨의 생전에 열정은 감히 흉내를 내거나 넘볼 수 없었기에 남편의 근처에라도 가는 마음으로 지금도 열심을 낸다고 한다. 명함을 만들어 본 기억도 없고 CD를 내고도 자신의 목소리가 부끄러워 누구에게 선물도 못했을 만큼 숙맥이던 그가 대인기피증과 공황장애를 경험하고 시간이 흐르고 나이가 들면서 변화를 겪는다. 말도 늘고 두려운 게 없어졌다. 어느 정도의 고집도 생겼고 길이다 싶으면 굽히지 않고 간다. 뜻을 모아 결정하면 그는 늘 맨 앞에 서있었고 허전하다 싶어 뒤를 돌아보면 아무도 없었으며 그는 욕받이가 되어 있었다.

태교로 창을 배운 외동딸 안소예는 경기민요와 가요를 모두 아우르는 인증서 있는 가수다. 한때는 걸그룹 제안을 받았었고 KBS2 '신데렐라 언니'에도 출연했으며 이번에 발표한 앨범 대표곡은 '어느새'이다. 전원주나 라미란처럼 오랫동안 기억되는 방송인으로 남기를 기대한다면서 노후를 딸에게 걸었다는 농으로 좌중을 웃게 한다.

많은 후배들은 각 시에서 향토무형문화재로 선정되어 시의 문화 향상과 개인의 능력을 발휘할 바탕을 다지고 있다면서 광주의 대찬 미래의 국악 발전을 위해 소홀히 넘길 부분이 아님을 상기시킨다.

2013년 '발칙한 맹꽁이'와 2015년 '국태민안 시화연풍', 2016년 '멈춰버린 시계 목걸이'에 이어 2017년을 장식한 소리극 '월매전'은 우리의 가슴을 해학과 풍자로 흔들어 놓았다.

맛고을 분원의 붕어찜을 최초로 개발한
자랑스런 광주사람

강촌매운탕 대표
이영숙

　서울 종로구 가회동에서 태어나 같은 동네 청년과 결혼한 이영숙은 올해 81세로 맛고을 분원의 붕어찜을 최초로 개발한 자랑스런 광주사람이다. 서울을 벗어나 본 적이 없는, 그야말로 본토박이 서울내기로 젊은 시절 화창한 봄날을 맞아 남편의 손을 잡고 이곳 분원 언니네 집에 놀러왔다가 분원 경치에 그만 반해버려 그냥 눌러 앉아 살게 되었다. 강 건너 검단산과 예봉산의 아름다움이 그녀의 눈을 멀게 했고 북한강과 남한강이 하나가 되어 힘이 솟아나는 풍광에 그냥 빠져서 서울생활은 자연스럽게 청산될 수밖에 없었다.

　"분원의 풍광을 보고 그냥 숨이 막혔어요. 아름다웠지요. 그래서 바로 이 집을 장만했습니다.

　그때 그것도 집이라고 돈 들여 사느냐며 조롱하고 흉을 보는

사람들이 있었지요. 그런데 그 초라하고 보잘것없는 집이 나의 아들딸들을 키워내고 행복한 가정을 유지시켜 준 현재의 삶터 강촌매운탕 자리로 청춘을 보냈습니다. 이곳 분원의 땅값이 평당 5천 원에서 1만 원하던 시절의 이야기입니다."

1974년 댐이 완공되면서 분원은 낚시꾼의 천국이 되었다. 천호동에서 종점인 이곳 분원까지 다니는 시외버스는 늘 만원이었으며 승객들 대다수는 낚시꾼들이었다. 낚시에 쉽게 잡히는 물고기는 붕어. 하지만 가시가 많아 식용으로는 인기가 상대적으로 떨어졌다. 고민 끝에 그 시절에 붕어의 단점을 이용해 개발하게 된 아이디어 메뉴가 붕어찜이다.

어릴 적 동네시장에서 아지나 꽁치를 사와 무와 감자를 넣고 조려 후딱 맛있는 상차림 하던 엄마의 요리 솜씨가 기억났다. 그녀는 쉽게 접할 수 있는 붕어를 이용해 붕어찜을 세상에 선보이게 된다. 엄마의 음식 솜씨를 물려받은 이영숙 씨의 붕어찜은 1976년 그렇게 혜성처럼 나타나 사람들의 입맛을 휘어잡으며 이후 광주의 소중한 관광자원으로 우뚝 선다. 붕어찜을 처음 선보일 당시에는 무우와 감자를 사용해 찜을 했으나 섬유질도 많고 소화도 잘되며 맛도 월등한 시래기를 넣어보라는 손님들의 조언과 권유가 있었다. 이영숙 씨는 손님들의 조언을 흘려듣지 않고 개발에 임한다. 시래기를 넣은 붕어찜은 수차례의 시식회 후에 드디어 메뉴로 사용하게 되었고 지금은 붕어찜 하면 당연히 시래기붕어찜을 생각하게 되었다. 말린 시래기는 질기고 맛이 덜해 풋것을 물에 데쳐 소금으로 간을 해 저장해서 쓰는데 손이 어지간히 많이 가는 작업이다.

시래기를 이용한 붕어찜은 대박이었다. 남편은 호수에 나가 싱싱한 매운탕 거리와 붕어를 잡아왔고 날마다 식당은 문만 열면 손님이 밀려들어 밤이면 지친 몸으로 돈을 세어볼 겨를도 없이 잠이 들었다. 그렇게 자고 일어나면 또다시 정신없이 바쁜 하루가 이어지는 나날이었다. 물고기가 떨어져 손님들을 돌려보낸 적도 많았으며 1인분에 1,500원일 때 150,000원 정도의 매출을 올릴 만큼 식당은 성업이었다. 힘은 들어도 행복한 시절이었다. 작은 가게였지만 장사는 꾸준했는데 주위에 같은 업종들이 하나

둘 생기더니 현재는 수십 업소가 영업 중이다. 지금도 여러 업소에서 사용하고 있지만 2001년 경기도 문화유산 경기으뜸이로 지정된 '분원붕어찜'은 강촌매운탕이 제0065194로 상표등록한 고유 상호이다.

　그렇게 호황을 누리던 시절도 있었으나 2년 전부터 장사는 예전의 1/5 정도로 어려워졌다. IMF 때보다 더 힘든 상황이라 직원을 두면 현상유지도 힘들 정도다. 그래서 손님이 몰리는 주말에만 시간제로 직원을 채용하고 있다. 정세가 어려워서 그렇다고 나름대로 정의를 내리는 이영숙 씨는 현재는 업소를 아들에게 물려주고 소일거리로 운동 삼아 텃밭을 가꾸며 식재료를 키워 돕고 있다. 오늘따라 유난히 저녁놀이 황홀하다며 미소 짓는 이영숙 씨의 모습에서 깊은 삶의 향기를 맡는다.

광주아리랑이 온 세상에 울려 퍼지는 그날까지

한국전통민요협회
이옥순

　이옥순 씨는 경기민요에 푹 빠져 살았다. 미쳤다는 표현이 더 어울릴지도 모르겠다. 목현동 경로잔치에 봉사를 갔던 날 행사장에서 들었던 경기민요에 매료되어 공연을 왔던 중요무형문화재 57호 경기민요 이수자 김명순 씨를 스승으로 모시고 경기민요에 입문한다. 언젠가는 꼭 배우고야 말겠다고 다짐하던 마음이 드디어 발을 내딛은 것이다. 이후 중요무형문화재 57호 경기민요 보유자 이춘희 씨의 사사를 받게 된다.

　30대 초반 늦은 나이에 평생의 길을 결정한 이옥순 씨(1965년생 충남 당진)는 온 정성으로 연습에 임한다. 이춘희 명창이 이사장으로 있는 한국전통민요협회 방배동 삼원빌딩 경기민요전수관과 국립국악원을 일주일에 3~4일을 오르내린다. 반대하는 남편 모르게 다닌 세월이다. 피나는 노력으로 드디어 2011년 8월 한국전

통민요협회가 개최한 무형문화재 57호 경기민요 이수자 선발대회에서 이수자로 선발된다.

대부분은 15~20년 만에 할 수 있는 일을 13년 만에 이루어냈으니 늦깎이 그녀의 노력이 어떠했을지 짐작하고도 남음이 있다. 오히려 늦은 나이에 시작했으니 옴팡지게 한번 해봐야 하는 것이 아니었겠냐고 그녀는 말하는 듯하다. 30대에 민요를 시작하겠다고 나선 배경에는 끼와 재능이 충만한 아버지를 늘 보아왔기 때문이기도 하다.

누구에게 한 자락 배운 적 없는데도 민요와 시조에 능통한 아버지의 노래를 듣고 눈이 휘둥그레지는 사람들을 보며 자랐다. 그런 아버지의 피가 그녀 몸속 깊이 소용돌이치는 것을 단지 늦게 알았을 뿐이다. 걸출한 외모에 풍류까지 즐겨 어지간히 어머니 속을 썩인 92세의 아버지 이병찬 씨는 애초에 그 길을 걸었다면 큰 인물이 되었을 것이라고 그녀는 확신한다.

탄벌동에 위치한 한국전통민요협회 경기광주시지부 사무실을 근간으로 우리 전통국악의 아름다움과 우수성을 보존하기 위해 후진 양성에 힘을 기울이고 있는 이옥순 씨. 이수자로 선발된 후부터 그녀는 소리를 통해 지역의 문화발전과 외로운 소외계층을 위무하는 일에 최선을 다하기 위해 더욱 정진할 것을 다짐한다. 그녀의 봉사정신은 유별나서 민요를 배우는 과정에도 광주에서 개최되는 예술제, 문화제, 축제, 경로잔치, 시민의 날, 동민의 날 등에 출연해 우리의 음악인 전통국악의 아름다운 소리를 펼쳐보였다. 한의 정서를 가득 담고 있는 우리의 가락을 듣고 있노라면 절로 눈이 감기며 노랫가락 속으로 빠져 들어가는 음악이 우리의 민요인 것이다. 그녀에게 손 내미는 곳은 그곳이 어느 곳이건 늘 따스한 미소를 한아름 안고 찾아간다.

명성이 알려지기 시작하면서 광주를 위해 시민들에게 무언가 보답할 길을 모색하기 시작한 이옥순 씨는 큰돈을 들여 곡을 받아 발표를 준비하고 있는데 타이틀곡이 '광주아리랑' 이다. 들어보고 싶다고 부탁을 하니 흔쾌히 후렴 부분을 부르는데 깊은 맛의 목소리와 내용에 그동안의 피나는 노력까지 어우러져 듣는 가슴으로 절절히 스며든다. 후렴 부분만 들었는데도 다시 듣고 싶어졌다. 3~4년 전부터 준비를 하고 있으며 비공식적인 자리에서 몇 번 소개를 한 적은 있으나 정식 발표회는 장소와 예산문제로 차일피일 미루며 오늘에 이르렀다고 한다. 그녀가 부르는 광주아리랑은 분명 광주를 대표하는 명곡이 될 것이며 그녀는 특별히 광주의 사랑을 받는 명창이 될 줄 믿는다.

금강산타령, 노랫가락, 청춘가, 태평가, 사발가, 베틀가, 풍년가, 매화타령, 구아리랑, 밀양아리랑, 한오백년, 노들강변, 도라지타령, 자진방아타령, 한강수타령, 뱃노래, 자진뱃노래는 이옥순의 1집 앨범에(2011) 실린 경기민요이다. 그녀는 전국여성국악경연대회에서 대상과 최우수상을 포함한 다수의 상을 수상한 경력을 가지고 있다. 민요로 하는 봉사 외에도 이옥순 씨는 여러 봉사에 앞장서고 있다. 남편 김영철 씨가 3600지구 광주로타리클럽 회장으로 재임 중 영부인 회장으로 수고하면서 모든 영부인 회원들이 각각 100불 이상을 기아와 질병에 노출된 곳에 써달라고 기부하기도 했다. 영부인 전원이 기부에 동참한 일은 전세계 로타리 클럽 220여 국가 중에서 최초로 세계 로타리상을 수상하기도 했다.

광주아리랑이 온 세상에 울려 퍼지는 그날까지 이옥순의 도전은 계속된다.

내가 살기 힘들면 세상 어떤 것도 좋은 것이 없다

경안시장 노점상
조순심

성남에 살던 조순심 씨(1949년 전남 보성)는 이른 새벽 경동시장에 나가 찐 옥수수를 사서 머리에 이고는 버스를 몇 번 갈아타면서 광주 경안시장에 와서 팔았다.

장사가 꽤 잘되자 아예 솥을 걸고 옥수수 장사를 하면 더 쏠쏠하겠다 싶어 이사를 왔다. 이듬해 술을 좋아하던 남편이 급성간경화로 쓰러져 수술 중에 작고한다. 어린 아들 셋이 그녀만 바라보고 있었기에 슬퍼할 여유조차 없었다.

그녀의 나이 34살, 큰 아들이 초등학교 6학년, 둘째는 4학년, 셋째가 1학년이었다. 돌이켜보면 어떻게 살아냈는지 기적 같은 시간들이다. 옥수수만 팔아서는 생활이 어려워 과일장사로 바꿨다. 최선을 다해 살았다. 비록 아들의 사업 실패로 금방 사라져버린 집이었지만 처음으로 내 집도 가져봤다.

　30년을 가락시장으로 과일을 사러 다니며 무거운 상자를 싣고 내리고 겨울이면 작은 석유난로에 겨우 손만 녹이고 지내다보니 온몸이 얼어 병이 생겼다. 열 손가락은 틀어지고 허리는 주저앉았으며 양다리 관절은 다 닳아 없어졌다.

　10년 전 1,000만 원 빚을 얻어 관절 수술을 했다. 당시 의술로는 인공관절의 수명이 10년이라 다시 수술을 해야 하는데 여력이 없다. 마찬가지로 굽어진 허리 수술도 엄두를 내지 못하고 있다.

　지금도 상황이 별반 달라진 게 없지만 그때는 하루라도 쉬면 큰일 나는 줄 알았다. 태풍이 오거나 한파가 불어 닥쳤을 때만 어쩔 수 없이 일 년에 두어 번 문을 열지 못했을 뿐이다. 늘 쫓기

듯 마음 불안하게 살았다. 밤늦게 들어오고 이른 새벽부터 서울로 과일을 사러 다녀야 했기에 아이들 아침은 태반을 굶겼으며, 단속반이 나오면 이리저리 도망 다니다가 과일이 떨어져 깨지는 것은 다반사이고, 수박이 떨어져 굴러가다 부딪쳐 일그러지는 것을 보면서 그녀의 인생도 일그러진 수박 같다는 생각을 하며 하루하루를 살았다. 단속에 걸려 리어카도 빼앗기고 경찰서로 불려가 조사를 받고 성남지원에서 벌금을 선고 받는 일이 되풀이 됐다.

벌금을 감당하기 버거워서 사정을 하여 너댓 번에 나누어 내곤 하였다. 앞선 벌금이 남았는데 다시 벌금을 받는 일도 있었다.

학원 한번 못 보냈지만 공부를 곧잘 하던 큰아들은 학비가 싼 곳을 찾아 광주에서 차를 몇 번 갈아타고 정릉으로 대학을 다녔다. 방은 못 얻어 주고 장사를 마치면 우선 차비부터 떼어났다. 그 큰아들이 근래는 직장 없이 지내다가 버스운전기사로 얼마 전에 취직을 했다며 좋아한다.

둘째와 셋째는 막노동을 하지만 열심히 살고 있으며 효자라고 하며, 고등학교 밖에 못 가르친 것이 늘 미안하다고 한다. 그녀는 광주 시내 지리는 물론 40년 삶의 터전의 주소조차 모른다. 오로지 집과 가게를 오고갔을 뿐 노래방을 가본 적도 없으며 물론 아는 노래도, 좋아하는 노래도 없고 불러본 일도 없다. 하물며 좋아하는 꽃도 없다.

그런 세상을 살았다. 눈만 뜨면 장사를 했고 잠들어서도 과일상자를 차에서 싣고 내리는 꿈을 꾸다 가위에 눌리곤 했다. 내가 살기 힘드니 세상 어떤 것도 좋은 것이 없다고 말하는 그녀에게 여행은 어디를 가보았냐고 묻자,

"여행이요? 아직 광주도 낯설어요. 아들 결혼식장 가는 길도 생소했어요. 나 죽으면 억울해서 어떡한대요? 바보 같이 살다 간 내가 불쌍해서 분명 산천이 울고 하늘도 울 겁니다"

견딜 수 없어서 관절수술을 한 것 말고는 몸이 아파도 병원을 가야한다는 생각조차 없이 오로지 이 자리를 지켰다. 30년을 진통제만으로 고통을 다스리다보니 효과도 없지만 다른 방법이 없어 계속 약을 먹는다. 그러다보니 속이 다 망가져 밥도 제대로 먹을 수가 없다. 20분 거리를 출근하면서 하늘이 두 쪽 나도 두 번은 꼭 쉬어 와야 하고 퇴근길은 허리가 퍼지지 않아 택시를 타지 않으면 집에 갈 수가 없다. 참고 견디다가 10년 전에 과일은 포기하고 옥수수와 고구마 핫도그를 팔고 있다. 이익은 적어도 물건을 배달해 주기 때문에 내린 결정이다. 기껏해야 하루 3~7만 원 정도 판다. 다 남아도 시원찮은 매출액이다. 여름에는 상해서 버리는 일도 다반사다. 아들 손자하고 그날그날 사는 것을 낙으로 삼는다는 그녀에게 뭐라 해드릴 말이 떠오르지 않는 시리도록 푸르른 가을날이다.

우리 아이들이 자신들이 사는 동네를 알고
지킬 수 있는 교육이 절실한 때이다

지구촌 자연환경 운동본부 대표

조원경

 1995년 초월읍에 입성한 조원경 씨(1965년 서울 생), 민간봉사단
체인 '지구촌 자연환경 운동본부' 의 대표이다. 초월에서 학원을
운영하던 조원경 씨는 봉사를 다녀와 눈물로 하소연하는 사춘기
아이들의 소리를 듣게 된다. 봉사현장에서 어른들의 횡포에 마
음을 다쳐왔던 것이다. 안타까운 현실에 적어도 내가 가르친 아
이들만이라도 상처 없는 봉사활동 자리를 만들어야겠다는 마음
으로 이 일을 시작하게 되었다고 입을 연다.

 대표를 맡은 '지구촌 자연환경 운동본부' 를 통해 광주시의 많
은 학생들과 왕성한 봉사활동을 하고 있는 그녀는 '행복공감교
육협회 협동조합' 협회장직을 수행하며, 교육 문화 소통 환경보
건상태 전문강사로도 맹활약을 하고 있다. 현재는 법이 바뀌어
민간단체에서의 봉사활동도 정당하게 인정 된다.

어릴 때 학습된 인식이 평생 간다는 사실을 누구보다 잘 알고 있는 조원경 씨는 '청소년과 함께하는 생태체험 활동과 EM활용 법 환경보존 활동'을 통해 공원과 하천의 쓰레기를 줍는 일도 중요하지만, 먼저 쓰레기를 버리지 않는 것이 중요하다는 사실을 아이들 스스로 인식하도록 한다. 곤지암천 경안천 목현천 우산 천 등 광주시 지천에 사는 물고기의 종류와 하천의 생태, 물고기 의 아름다운 본래 이름을 찾아서 불러주기 위한 노력도 함께 기 울이고 있다.

줄, 억새, 마름, 부들, 말풀, 물수세미, 붕어마름, 뗏장, 가래, 텍사, 물퉁이, 달풀이풀 등의 수초와 모래무지, 쉬리, 납자루떼,

붕어, 잉어, 피래미, 돌고기, 구구리, 꺽지, 가물치, 버들치, 빠가 사리, 동자개, 매자, 송사리 등의 민물고기는 어떠한 관계가 있 는가를 이야기를 만들어 들려주면 눈빛 반짝이며 듣는 아이들의 생기 있는 표정에서 희망을 본다.

"자라는 무엇을 먹고 살까요?"라는 질문에 고개를 갸웃하는 아이들에게 "느림보 자라는 말이야, 저보다 더 느린 것을 잡아먹 고 살지."하면 아이들은 깔깔거리며 재미나게 웃는단다.

"모래무지는 왜 입이 아래로 튀어나와 있을까?"

"송사리 눈은 어째서 하늘을 향해 있을까?"

"다슬기는 왜 밤에 주로 활동을 할까?"

"피라미나 누치가 여울을 좋아하는 까닭은 무엇일까?"

"물고기는 몸에 붙은 이물질이나 기생충을 떨구기 위해 어떤 행동을 할까?"라는 질문과 함께 이유를 설명해주면 아이들은 신 기하다는 듯 물속을 요리조리 다시 한번 들여다보기도 하는 것 이다.

활동 내용 중에는 물고기를 채집해 종류와 생김새를 기록하고 놓아주는 과정이 있다. 곤지암천에는 예전엔 70여 종의 민물고 기와 수서곤충이 살았지만 현재는 50여 종 미만이 보일 뿐이란 다. 더군다나 목현천은 15종이 발견되던 것이 4대강 개발 이후 7 종으로 줄어 심각한 생태계 파괴가 진행되고 있다는 것이다.

이런 의미 있는 일들은 '지구촌자연환경운동본부'에서 일상 적으로 진행하는 활동임에도 불구하고 매번 시청 건설과 하천점

용팀에 공문을 보내 허가가 나면 다시 경찰서 종합상황실에 공문이나 팩스를 보내야 하고 행사가 진행되는 해당 파출소에도 팩스를 보낸 후에야 봉사활동을 할 수 있는데, 이것은 지나친 행정편의주의가 아닌지 매우 아쉽다고 한다.

또한 지역 환경 활동가의 증대를 위해 민간법인 하천생태 지도자 자격증 발급기관으로 인정받아 이미 3개월의 과정을 통해 이수한 1기생 6명을 배출하기도 했으며 곧 2기 수료과정이 진행될 예정이다.

5척의 야무진 조원경 대표는 다시 열변을 토한다.

물고기가 병들어 가는 물을 먹은 우리는 온전할까? 우리의 소중한 하천과 물도 지키지 못하는 교육, 어쩌자고 미국이 어떻고 르네상스가 어떻고 만을 가르치는가? 우리 아이들이 자신들이 사는 동네를 알고 지킬 수 있는 교육이 절실하지 않은가? 때가 늦었다고 생각하는 지금이 바로 '그때'라는 말에는 더욱 힘이 들어 있다.

조원경 씨가 깜짝퀴즈 냈다.

독 있는 개구리를 구분하는 방법을 말해보라는 것이다. 눈만 끔벅이고 있으려니 두꺼비, 맹꽁이, 옴개구리, 무당개구리처럼 오돌토돌한 개구리가 독개구리라며 생명을 해치는 물을, 독이 없는 맑은 물로 만들어 가자는 일갈로 일장의 연설을 마무리 지었다. 우리 모두의 노력으로 광주의 하천들이 생명의 젖줄로 되살아 날 것을 믿는다.

우리의 삶은 영화 '남한산성' 속의 백성의 삶과
크게 다르지 않다

남한산초 31회 졸업생
조천수

영화 '남한산성'을 보았는가? 엊저녁 지인들과 함께 봤다. '남한산성 300인 명사클럽' 밴드를 운영하는 김웅곤 박사께서 "광주사람이 얼른 봐야지!"라고 호통 치셔서 바로 예매해 얼른 봤다. 볼만 했다. 무대가 내 고향 남한산성인지라 더 의미를 더했다.

남한산성은 치욕의 역사현장이다. 영화에서도 그런 장면들이 생생히 연출되었다. 특히 무능한 임금을 사이에 두고 척화파(김상헌)와 화친파(최명길)가 다투는 사이 보이는 백성들의 고달픈 삶의 모습은 삼전도 치욕 이상으로 너무 가슴이 아팠다.

같은 날(2017. 10. 6) 아침, 나는 남한산초등학교 총동문회에 참석해 동문들과 인사를 나눴다. 남한산초는 106년의 역사를 자랑하는 광주에서 가장 오래된 학교이다. 해공 신익희가 이곳 1회

졸업생이다.

　이날 행사에서 유난히 시선을 끄는 스타 한 분이 계셨다. 창부타령을 목청 높여 부른 31회 졸업생 조천수(1929생)다. 동문들 중에서 가장 큰 선배 되셨고 가장 건강한 어른이셨다. 모든 사람이 가슴에 손을 얹고 경례를 하는데 이 어른만은 거수로 했다. 그때 잡힌 놀라운 오른 손은 보통 손이 아니었다. 오늘 다시 조천수 어른을 뵈었다.

　조천수 어른의 삶은 영화 남한산성 속의 백성의 삶과 크게 다르지 않다. 외아들로 태어나 9살에 배운 호미농사, 지개농사는 86살 나이가 돼서야 아들이 말려 멈춰 섰다. 아홉 마지기 논농사

와 밭농사도 호미 한 자루로 모두 평생 해내고 수백 미터 떨어진 논을 하루에도 수십번씩이나 오가면서 봄부터 가을까지 지게 하나로 한 해 농사를 마무리 지었다.

"나처럼 고생한 사람도 없어."

아홉 살에 어머니를 여의고 6.25전쟁 중에 아버지를 보낸 조천수의 삶의 고달픔은 그의 두 손에 천근의 무게로 평생 얹혀 있다. 하지만 그 손으로 4남 3녀 모두를 출가시킨 광주의 자랑스런 손이다.

2부

광주에서
나눔을
실천하는
사람들

자녀를 세우고 부모를 세우고 이웃을 세우는 일

다음세대 작은 도서관 관장
권경환

"아이들이 언제부터 질문을 하지 않는지 아시나요?"
'다음세대 작은 도서관' 권경환 관장의 질문이다.

　재잘거리던 아이들의 질문이 사라지는 건 초등학교에 입학하면서부터라고 한다. 질문을 하면 쓸데없는 말 하지 말라고 주의를 받는다. '왜요? 왜요?'가 가장 필요한 나이에 아이들은 점차 입을 닫게 되고 주입식 교육에 길들여지는 것이다. 오바마 전 미국 대통령이 한국을 방문했을 때 한국 기자에게 질문을 유도한 일이 있었다. 그런데 누구도 질문이 없자 중국 기자가 일어나 자기가 질문하면 안 되겠냐고, 오바마에게 물었다. 한국 기자의 질문을 원했던 오바마는 거절했으나 결국 한국 기자들은 침묵했고, 중국 기자에게 기회가 넘어갔던 일이다. 어찌 이런 일이 일

어났을까?

아이들이 자신의 생각을 당당하게 표현할 수 있도록 가르치는 이가 있다.

역동 e편한아파트 301동 101호 입구에는 '다음세대 작은 도서관' 이란 간판이 붙어있다. 전국에서 유일하게 아파트에서 개인이 운영하는 도서관이리라. 권경환 관장은 목사 신분으로 수년간 정성으로 모은 7천여 권의 책으로 작은 도서관을 마련했다. 당연히 비용은 사비 충당이다. 활동내용은 6~7세부터 초등학생을 대상으로 유대인의 학습방법인 하브루타 교육과 아침학교, 책 읽어주는 엄마학교를 운영하고 있다.

하브루타는 2명 또는 4명이 짝을 지어 각자가 분석한 자신의

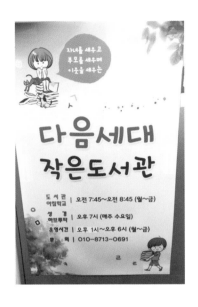

생각을 상대에게 설명하며, 상대의 이야기를 듣는 학습방법이다. 토론으로 찬반을 결정하자는 게 아니고, 정해진 답을 얻는 것도 아니다. 열린 토론방식으로 토론자 모두의 의견이 나름대로 답이 될 수 있다는 것을 가르치는 교육이다. 서로의 의견이 '틀리다'가 아니라 '다르다'가 맞는 것임을 인정하게 하는 교육이 하브루타다. 주입이 아닌 자기 안에 있는 것을 끄집어내게 만드는 교육, 세계인구의 0.2%인 유대인이 역대 노벨상 22%의 주인공이 될 수 있었던 것은 하브루타의 진가를 보여준 것이라 해도 무방할 것이다.

"이곳을 다니겠다고 신청을 하면 학부모부터 교육을 시킵니다. 처음에는 하브루타가 무엇인지, 독서는 왜 필요한지, 앞으로 시대가 어떻게 변할 것인지를 먼저 아이들에게 이해시키기 때문에 1~2개월 만에 아이의 실력이 늘지는 않습니다. 아이에 따라 수개월 또는 몇 년도 걸릴 수 있으므로 최소 2~3년은 생각하고 보내야한다는 교육이지요."

월요일부터 금요일까지는 아침학교를 연다. 등교 1시간 전에 나와서 사회과학, 미술, 음악, 문학, 철학 등 다양한 책을 40여 분 읽고 요약해서 짧은 글짓기를 한다. 그리고 5분 거리에 위치한 학교까지 관장 권경환 씨가 인솔해 등교를 시킨다. 현재 총 22명의 아이들이 참여하고 있으며 학교가 끝난 오후에도 1시부터 6시까지 운영을 한다.

이 외에도 아이들 진로지도와 인성교육을 돕기 위한 엄마학교를 운영하여 독서와 글쓰기 지도를 하고 매일 오후 4시부터 1시간씩 7세 미만의 어린이를 둔 엄마들이 모여서 책 읽어 주는 엄마교실을 운영한다.

하브루타 교육방식은 먼저 책을 읽으며 아이들이 직접 질문을 만들어보라고 권한다. 좋은 질문이란 다양한 답이 나올 수 있는 질문임을 주지시키며 책 속에 답이 있는 질문, 책 속에 내용이 있는 질문, 생각을 깊게 하는 질문, 깨달음을 주는 질문, 토론할 가치가 있는 질문, 상상력을 키워줄 질문 등으로 열린 생각을 하게 한다. 또한 사설이나 칼럼을 베껴 쓰고 분석해 논술이나 자기소개서의 기준에 맞게 1000자 이내로 써보게 한다. 아이들의 질문을 확인하다 보면 발상이 신선한 질문에 권 관장도 놀랄 때가 많다. 이럴 때 뿌듯하고 보람을 느낀단다.

7세짜리가 엄마의 질문 수준이 너무 낮다며 "엄마도 하브루타 좀 배우라"는 말에 놀라 배우겠다고 찾아오는 일도 있었다고 한다. 2017년 1월 29일 개관, 짧은 시간이지만 아이들에게서 희망의 싹을 보았다. 그 여세를 몰아 중고등학생들과의 수업도 꿈꾸고 있다. 목요일 오후 4시부터 5시까지는 책 읽어주는 엄마 강경화 씨가 유아부터 초등학교 1학년을 대상으로 봉사하고 있으며, 매주 20~30명의 어린이들이 참석하고 있다.

1365 자원봉사 수요처이기도 한 '다음세대 작은 도서관'을 찾아주는 사람이 없을 때가 가장 슬프다는 권 관장은 혼자만의 도서관이 아닌, 누구나 이용할 수 있는 도서관이니 많은 분들이 찾아주면 좋겠다고 한다. 자녀를 세우고 부모를 세우고 이웃을 세우는 일에 '다음세대 작은 도서관'이 그 역할을 다 할 것을 다짐한다.

이웃인 성남시는 38개의 작은 도서관이 있으며 '설립 2년이 지나면' 시 예산으로 분기마다 모든 도서관에 조건 없이 100만 원을 지원하고 있다. 또한 매년 평가를 통해 최우수도서관 2곳에 1,200만 원, 우수도서관 4곳에 700만 원, 장려 10곳에 500만 원씩 지원하는데 비해 광주시는 15개의 작은 도서관이 있을 뿐이다. 더군다나 어려운 중에도 다음 세대를 위한 교육과 지역문화 발전에 혼신으로 애쓰고 있는 작은 도서관에 시가 무관심하다며 안타까움을 토로한다. 다만 1년에 한 번 하는 경기도 평가에서 500만 원을 지원해 주고 있는데 그나마 광주시에는 해당 도서관이 몇 군데 없다고 한다. 무엇보다 가장 시급한 문제는 도서 구입이라며 자체 여력이 없음을 오히려 미안해하는 권경환 관장!

광주를 사랑하는 권 관장의 '자녀를 세우고 부모를 세우고 이웃을 세우는 일'을 온 힘으로 응원합니다.

너른고을 농아인들의 지킴이

한국농아인협회 광주시 지부장
김명순

손으로 대화하는 수화는 접할 기회가 적어 생소하다. 하지만 가끔 TV화면이나 버스에서 농아인들을 접할 때마다 소통하는 그 모습이 예술행위 같아서 늘 신비스러운 영역으로 남아있다. 잽싼 손놀림과 표정으로 사랑을 가득 담아서 소통하는 농아인들을 광주 지역사회에서 자주 보게 되는데 그때마다 존경스럽고 감탄사가 절로 나온다. 어떻게 두 손과 입 모양 그리고 표정만으로 그 많은 대화를 소화할 수 있을까?

우연히 김명순(1973년생) 한국농아인협회 광주시 지부장을 만났다. 예정에 없던 일이었지만 그에게 몇 가지 수화를 자청해 어설픈 소통을 하며 배워서 수화에 대한 두려운 인식이 달라졌다. 누구라도 기본적인 수화 몇 가지만이라도 익혀 그들과 간단한 대화만 할 수 있다면 인생의 의미와 가치는 달라질 수 있겠다는 믿

음을 갖게 되었다.

'안녕하세요', '만나서 반갑습니다', '감사합니다', '처음 뵙겠습니다' 등의 간단한 인사말을 배웠다. 특히 '사랑합니다'는 수화 중에 최고 예술이다. 가슴 설레는 동작이다. 손바닥을 편 상태에서 중지와 약지를 접으면 '사랑합니다'는 완성된다. 덤으로 소개해 드린다면서 김명순 지부장은 꼭 기억해 두시고 잊지 마시길 바란다는 특별한 당부가 있었다. 언제 들어도 행복한 '사랑합니다'는 수화에서도 최상의 선물이다.

나름대로 열심히 배운다고 하는데 옆에서 지켜보던 농아인협회 회원들은 내가 꽤나 안쓰럽고 답답했나보다. 틀릴 때마다 그게 아니고 이렇게 해야 한다고 정색을 하고 손사래를 치면서 손

가락을 교정해주었다. 보고 또 봐도 이곳 회
원들의 얼굴표정은 사랑 가득한 사랑색이
다. 내게 있어 수화는 결코 쉽지 않은 천재
들의 영역이라는 생각이 들었지만 그들의
순수하고 천진한 사랑색을 떠올리면 나도
언젠가 수화 천재가 될 수 있겠다는 자신감이
생긴다.

그들의 수화를 접하면서 그들의 이야기
도 잠시 들었다. 90여 명의 회원과 더불어
살아가는데 있어 가장 큰 애로사항은 사무
실 문제였다. 앞으로는 한국농아인학교 광주
시지부 천재님들이 모임방 문제로 걱정하는 일이 없기를 기대할
뿐이다. 옆에서 수화통역을 도와주신 신해정 선생님께도 고맙다
는 인사를 드렸다.

김명순 지부장은 제주가 고향이다. 태어날 때부터 장애를 가지
고 태어난 그녀에게 이 길은 어쩌면 자연스러운 인생길이었는지
도 모른다. 광주시에 거주하는 너른고을 농아인들의 지킴이가
된 김명순 지부장의 따스하고 거룩한 만남에 경의를 드린다. 틈
날 때면 김명순의 '사랑합니다'의 수화를 잊지 말고 꼭 기억해
야 할 듯하다.

새로운 리더십을 정착시킨 광주 여성계의 1세대

광주 열린상담소 소장
김 영 화

요즘 광주를 다니다보면 광주 여성계의 활동은 대단하다. 광주가 이루 말할 수 없을 정도로 정치 리더십의 부재로 낭패를 겪고있지만 그래도 희망인 것은 퍼내도, 퍼내도 마르지 않는 화수분같은 봉사의 역할이 광주 땅 곳곳에 가득하다.

김영화 열린상담소 소장도 그런 분 중에 한 분이라 내 마음속에 모시고 있다. 1949년생 토박이~ 고향에 봉사의 마음 가득 안고 1970년대부터 퇴비증산을 위해 새벽 5시면 일어나 낫을 들고들판으로 나간 억척은 지금도 식을 줄 모른다. 코스모스, 맨드라미, 과꽃을 심어 길가 화단을 가꾸었고 저녁이면 파발교를 돌면서 시들어가는 화초에 물을 주었던 20대 시절이 있다.

태어난 광주 땅에, 광주를 위해 뭔가를 하고, 뭔가를 보여주고있는 분. 불모지 광주 땅에 1980년부터 초대 새마을부녀 회장을

맡아 오늘의 여성 새마을을 있게 했고, 광주시 여성단체협의회장(1971~1977)도 2~4대에 걸쳐 3회 연임하면서 광주시 여성계 활동에 새로운 리더십을 깊숙이 정착시켰다.

목현동 골짜기 7남매로 태어난 그녀는 정말 째지게 가난했다고 한다. 그래서일까? 일찍이 그녀는 광주 땅에 눈을 뜨고 사회활동에 참여해 형편이 어려운 학생들을 위해 장학금을 모금해 후원하고 외로운 독거노인들을 위해 합동 회갑잔치를 열기도 했다. 또한 기금을 열심히 마련해서 결혼식을 못 올린 부부들을 모아 합동결혼식을 수차례 올려주었다. 한때 8년 간 운영한 다문화가정을 위한 프로그램도 그녀의 활동작품이다.

광주배움터는 그런 사회활동의 연장선상에 있다. 한글을 못 배운 분들을 위해 한글을 가르친다.

"그 옛날이죠. 주변에 눈이 침침하니 회장님이 이것 좀 써주면 좋겠다고 하는 분들이 의외로 많은 거예요. 아! 저분들이 글을 모르는구나 느꼈죠. 그래서 한글을 알려드려야겠다고 하는 마음으로 광주배움터를 열었습니다."

배움터는 초등학교 과정의 공부다. 2시간씩 1~2학년 수준의 수업을 주 3회, 3~4학년 수준을 주 3회, 5~6학년 수준을 주 3회 공부하여 자격이 갖추어지면 교육청의 심사를 받게 된다. 현재 41명이 초등과정을 공부하고 있으며 매년 국가가 인정하는 졸업생을 3~4명 배출하고 있다. 또한 중학과정 예비반은 국어 영어 수학을 주 2회 공부하는데 현재 7~8명이 참여하고 있다. 안타까운 점은 남자들의 호응이 낮고 며느리들이 알까 봐 모르게 다니는 분들이 많다는 것이다.

김 소장의 차원 높은 봉사신념은 지칠 줄 모른다. 배움터 옆에 차린 광주열린상담소는 가해자와 피해자의 건강한 자아형성과 부부관계 회복 및 가정 회복을 돕는 곳이다. 말 못하는 가정의 어려움을 돕고 있다. 휴일에도 교육을 하다 보니 사생활이 따로 없고 때론 힘에 부쳐 좌절할 때도 많았다. 친목모임도 안 나간 지 오래라 왕따 신세다. 하지만 생전에 물심양면으로 도와주던 남편에 대한 고마움이 따스하고 여러 프로그램을 적극적으로 도와주는 자녀들이 있어 든든하다.

광주시 장애인체육회를 만들다

경기도 곰두리봉사회 회장
김 진 관

　'우리도 한번 신나게 뛰어보자' 란 제목으로 2017년 제1회 '장애인핸디마라톤축제' 가 9월 30일 청석공원에서 열렸다. 장애인과 비장애인이 함께 뛰는 행사로 경기도 곰두리봉사회가 주최하고 광주시 장애인연맹과 더불어나눔봉사회가 주관하며 경기는 휠체어부, 전동휠체어부, 시각부(전맹, 약시), 스텐딩부(지체, 지적장애)로 나누어 진행했다.

　경기도 곰두리봉사회의 회장인 김진관 목사(나눔의 교회, 69년생)는 장애로 출타를 할 수 없거나 출타를 꺼려 집에만 있는 장애인들을 불러내어 낮아진 자존감을 세우고 삶의 의욕을 고취시키며 좀 더 능동적인 참여의 삶을 영위케 해보자는 개념으로 축제를 열게 된 것이다. 장애인은 사회의 변방에 소외된 사람이 결코 아니며 당당한 구성원임을 일깨워주는 메시지를 전달하고자 사랑,

실천, 운동이란 기본정신을 바탕으로 이 행사를 기획하게 되었다.

'우리도 한번 신나게 뛰어보자'는 청석공원을 한 바퀴 도는 행사로 거리는 1km미만으로 완주하는 모든 사람에게 기념메달을 수여했다. 2015년 제30회 일본 나고야 세계핸디마라톤대회에 초청을 받아 보건복지부 지원으로 5박 6일 다녀온 경험을 바탕으로 벤치마킹해 기획한 행사다.

후원을 얻기 위해 인연이 닿는 몇 곳을 찾아다녔다. 취지를 설명 듣고 그동안 방법을 몰라서 함께하지 못했음을 아쉬워하며 선뜻 지원을 약속해 주는 기업이 있는가 하면 장애인 단체라며

툭하면 와서 이런저런 요구를 하는데 '밑 빠진 독에 물 붓기' 아니냐는 부정적인 반응도 있었다고 한다. 그렇지만 김진관 목사는 우리도 나고야처럼 하다보면 광주에서 시작한 작은 행사가 3~4년 내에 경기도 행사가 되고 이어 전국행사로 키울 수 있으며 나아가 국제대회까지 치를 수 있으리라는 꿈을 꾼다. 그때는 광주시는 물론 대한민국의 이름을 빛내는 행사가 될 것이라고 확신하며 따뜻한 눈으로 지켜봐 주시고 협조도 해줄 것을 정중히 부탁한다.

김진관 목사는 이전 성남시에 살면서 경기도 장애인체육회를 설립했으며, 2년 반 동안 끈질기게 담당 공무원을 설득한 끝에 사기막골에 성남장애인종합복지관을 만들어내기도 했다. 그의 탁월함이 소문나 중앙으로 발탁되어 대한장애인체육회 산하에 장애인 전국볼링협회를 만들기도 했다.

2010년 그런 그에게 시련이 겹쳤다. 실직에 사기를 당하는 일까지 겹치면서 빈털터리가 되어 광주로 오게 되었다. 광주로 온 그 해 목사 안수를 받고 좀 더 보람 있는 일을 해보자는 마음으로 2011년 곤지암읍 부항리에 소재한 정훈노인요양원에서 원목으로 5년을 사역했다. 현재는 2년 전 개척한 나눔의 교회에 시무 중이며 초월읍 청보빌딩에 소재한 희망&숲 북카페에서 주일에만 예배를 드린다.

그는 장애인의 날인 지난 4월 20일을 전후해 장애인과 그 가족들이 함께하는 제3회 힐링캠프를 야외에서 열었다. 고기도 굽고 레크레이션도 하며 장애인을 뒷바라지하는 가족들을 위로하는 동시에 장애인들의 사기도 키워보자는 의미의 캠프이다.

또한 장애인들의 노래와 악기연주, 비장애인의 찬조출연으로 진행하는 작은음악회를 연말에 열어오고 있다. 1회 때는 20석 카페에 50여 명이 왔고, 2회 때는 50명을 예상했는데 100여 명이 와서 3회부터는 교회 강당을 빌려 열고 있다. 티켓을 1만 원에 판매하는데 남은 돈은 여섯 가정을 돕는 일에 쓰고 있으며 올해는 제6회 작은음악회를 앞두고 있다.

장애인 당사자가 스스로 기획하고 주도해 만든 작은음악회, 힐링캠프, 마라톤축제 등을 진행하면서 지역에 던지는 메시지는 바로 '장애인도 할 수 있다' 라는 사실이다. 이 사회의 구성원인 장애인을 배제하지 말고 설 자리를 만들어줘라. 도움의 대상으로 볼 것이 아니라 함께 어울려 살아가는 동료로 봐 달라는 메시지이다.

힐링캠프나 작은음악회도 마라톤축제와 더불어 지속적으로 규모를 키워 전국단위 국제축제로 나가야 한다는 신념을 김진관 목사는 가지고 있다. 경기도 장애인체육회를 설립할 때 정관을 만들어본 경험으로 광주시 장애인체육회 설립추진위원회를 만들고 2년 반의 노력 끝에 얼마 전 드디어 창립총회를 열었다. 또한 장애인 론볼(영국이 종주국으로 잔디밭에서 장애인과 비장애인이 핸디 없이 하는 경기)장을 추진했고 그 또한 결국 해냈다.

장애인 관련 훈련을 30년 동안 받으며 남다른 사명감을 지니게 되었고, 이 길을 평생 갈 것이라는 김진관 목사, 그는 지역사회가 많은 관심을 가져주기를 주문한다.

저렴한 가격, 최고의 메뉴를
어머니의 마음으로 담아내는 손길

광주 우리음식연구회 회장

오상옥

기분 좋은 여자 오상옥은 왠지 끌리는 여자다. 거두절미 오상옥을 만나보라. 회덕동 입구에서 5천 원짜리 뷔페 밥집을 운영한다. 현찰 1만 원이면 부부나 연인, 2명이 기분 좋게 식사하고 나올 수 있다.

오상옥은 1999년 경안시장에 자그마한 야채가게를 세얻으며 광주사람이 되었다.

"우리 때는 다들 그랬지만 앞만 보며 열심히 일했어요.

장사가 꽤 잘 됐는데 주인이 해마다 가게 세를 배나 올리는 거예요. 그 야채가게를 정리하고 나와 자리를 튼 곳이 지금 이 자리지요. 결과로 보면 잘 됐지만 그 당시에 억대의 권리금이 형성되던 시절이었지요. 이곳에서 보리밥집을 10여 년 넘게 했는데 대박집까지는 아니었지만 단체손님도 많고 장사가 잘 됐었지요."

그럼에도 요즘같이 어려운 외식산업 분위기에 굳이 메뉴를 바꾼 이유를 묻자 그녀는 말한다.

"작년 가을쯤 남루한 차림새의 손님이 와서 메뉴를 둘러보고는 그냥 가시더라구요. 그러면서 혼잣소리로 밥값이 비싸네 하는데 그 말이 너무나 강한 울림으로 들리는 거예요. 그때 보리밥정식이 10,000원 이었는데 그 말에 가슴이 서늘해지는 겁니다. 그 후로도 빌라가 많이 들어선 동네가 되다보니 이삿짐센터 직원들이 삼삼오오 꽤 찾아오는데, 아마 식비가 정해져 있었는지 비싸다고 그냥 가는 일이 잦더라구요. 그런 일을 겪을 때마다 점점 서늘해지는 가슴으로 고민 많이 했습니다. 밥은 곧 삶인데, 일은 힘들어도 밥 먹을 때는 행복하자고 늘 주장하며 살았는데 어떡해야 하나 하면서 말입니다. 그래서 비싸다는 소리 안 듣게 바꿔보자는 결심을 하고는, 가격은 저렴하면서 최고의 메뉴를 만들어보자는 각오로 5,000~6,000원하는 뷔페 여러 군데를 견학 다녔어요. 새 식단으로 문을 열자마자 바로 주변의 회사와 가내 공장 직원들이 오더니 나날이 손님이 불어나 이제는 매일 오는 단골은 다수이고, 하루에 두 번을 오는 분들도 계세요. '아무리 먹어도 질리지 않는 집밥 먹으러 왔어요. 편안한 엄마밥 먹으러 왔어요. 싸고 맛있어서 배불리 먹으니 살이 쪄서 큰일 났네요.' 하는 겁니다. 맛있는 음식을 먹으면 하루가 행복한 법인데 그런 맛있는 말을 들어보세요. 저는 그 분들 덕분에 매일 행복을 먹고 삽니다. 간혹 먹을 게 없다고 말하거나 불만을 말하는 손님들의 말은 잊지 않고 꼭 참고해서 개선하려고 최선을 다합니다"

조리사 자격증이야 당연하고 요리연구가 강순이 선생께도 가르침을 받았으며 광주 우리음식연구회 회장으로서 직분에 누가 되지 않기 위해 노력을 게을리하지 않는다는 오상옥 사장.

매일 두 가지 밥을 준비하는데 쌀밥은 기본이며 화·토요일은 고정으로 보리밥을 준비하고 그 외 날들엔 흑미, 콩밥, 조밥, 우거지밥, 들깨밥, 콩나물밥, 곤드레밥, 치자물밥(일명 개나리밥)을 요일을 정하지 않고 바꾸어 준비한다. 입맛이 없는 손님들을 위해 국수를 준비하며 빵도 구워먹을 수 있도록 준비했다. 반찬은 텃밭 300평에서 가꾼 채소와 좋은 품질의 재료를 구입해 16가지 이상을 내며 식혜와 수정과는 매일 직접 만들고 과일과 샐러드도 늘 준비한다. 밥이 곧 삶이기에 식사시간만큼은 누구나 행복했으면 좋겠다는 오상옥 사장의 신조대로 언제 가도 먹을 게 푸짐한 집, 새로운 메뉴가 나오는 집이 되겠다고 약속한다. 드물지만 원치 않는 맛이 만들어지면 미련 없이 버린다는 말에서 깊은 신뢰가 배어났다.

그동안 회덕동 부녀회장과 농협단체 햇살봉사단 회장으로 수

고했다. 오상옥 사장은 개성 사람이 서울 사람보다 솜씨가 낫다
는 옛말을 굳게 신뢰하며 개성이 고향인 친정어머니의 미각을
닮아 맛을 기가 막히게 잘 본다는 자부심이 대단하다.

　가게 안은 손님들로 꽉 찼고 식당 입구의 잘 가꾸어진 머루덩
굴에는 곱게 익은 머루가 풍성하다. 식사를 마치고 나오는 손님
들의 표정에는 만족한 표정이 풍성하게 머무른다. 풍성함이 넘치
는 곳, 이곳은 어머니의 마음을 담아내는 오상옥의 집밥집이다.

책을 낸다면
'시랍시고 끄적거리는 놈이 쓴 글'이면 좋을 것 같다

베지밀 대리점장
유대형

이천 마장면 마장초등학교를 다니던 유대형 씨(1957년 이천 출생, 시인)와 2년 위인 형은 등굣길마다 선배들에게 통행료로 고구마를 가지고 오라는 협박을 연일 강요당한다. 겁에 질려 그러마했던 약속은 지키지 못한 채 고구마 빚은 열 개가 되고, 스무 개가 되고, 서른 개가 되었다. 거기다 선배들이 멋대로 정한 고리채 이자까지 붙어 금세 다섯 가마, 열 가마로 불어났다. 선배들의 괴롭힘에 대를 이을 형이 힘들어 하자 아버지는 인근 호법면 소재 매곡초등학교로 전학을 시켰고 유대형 씨도 함께 따라간다. 유대형 씨 초등학교 3학년 때의 일이었다.

딸 하나를 낳고 온갖 노력에도 자식을 못 낳자, 아들을 낳아야 한다는 죄책감에 빠진 어머니의 하루하루는 고통의 가시밭길이었다. 들판의 쓸모없는 잡초도 저리 후손을 흩뿌린다며 할머니

는 끌탕을 했고, 아버지는 아이를 가진 여자를 집으로 들이기에
이른다. 마침 어머니도 태기가 있었는데, 할머니는 손자를 낳는
사람이 내 며느리라고 선포를 하는 기가 막힌 상황에까지 이른
다. 어머니는 형을 낳았고 그 여자는 딸을 낳았다.

　드디어 땅부자 유씨 가문에 대를 이을 아들이 태어난 것이다.
그리고 2년 후 유대형 씨가 태어나니 집안은 겹경사가 났다고
좋아하며 전폭적으로 두 아들을 응원하였고, 형의 뒤엔 늘 그가
붙어 다녔다. 형의 수학여행에 4학년인 유대형 씨가 동반하였다
는 것을 미루어볼 때 그의 유별남과 부모님의 과한 사랑이 읽혀
진다.

매곡초등학교를 다닐 때는 새에 빠져 때까치를 동반하고 등교를 했다. 새가 노란 입을 벌리고 먹이를 달라고 보채면 수업시간도 개의치 않고 밖으로 나가 개구리나 풀벌레를 잡아 새의 허기를 채워주었으며, 책상에 엎드려 졸면 선생님은 야단은 커녕 집에 가서 푹 쉬라며 가방을 챙겨 쥐어주었다. 지주였던 막강한 아버지의 후광(?) 덕이었으리라 짐작만 할 뿐이다.

그가 5학년이 되었을 때 형은 중학교를 가게 되는데 아버지는 서울로 유학을 결정한다. 할머니를 보호자로 모시고 곁에 묻어온 유대형 씨는 염광초등학교 5~6학년을 다니게 되는데 초등학교를 세 군데를 옮겨 다닌 그는 유년의 친구가 없는 것을 늘 아쉬워한다.

그가 서울에서 고등학교를 졸업하고 광주에서 양계업을 하는 아버지 곁으로 돌아왔을 때는 사료업자 농간에 그 많은 가산이 바닥을 드러내고 있을 때였다. 사료를 외상으로 왕창 주고는 기회를 노리다가 재판을 걸어 닭이 초란을 시작할 때쯤 차압이 들어와 닭을 빼앗아가곤 했던 것인데, 순박한 촌의 지주였던 아버지는 그들의 농간에 그렇게 몰락했다.

광주에 자리를 잡겠다고 마음을 정한 유대형 씨는 역동 3번 종점에서 버스매표소와 낚시가게를 운영했으며 베지밀 대리점을 경안동 자택에서 20여 년을 운영하고 있다.

민주산악회 시절에는 경안장이 서면 동료들과 더불어 아침부터 대형 들통에 멸치, 파, 양파, 다시마를 끓여 육수를 내고 지단을 붙이고 국수를 삶아 형편이 어려운 300여 명에게 점심 봉사를 5년여 동안 했다. 또한 자신의 집 한편을 한국작가회의 경기도광주지부 너른고을문학회 사무실로 대가 없이 내어주고 각종 프린트 봉사와 술심부름을 도맡아 하고 있다.

언젠가 가까운 친구가 이렇게 말한 적이 있다고 한다. "너 죽으면 내가 비석을 세워주마. 그 비석에는 '시랍시고 끄적거리다 되진 놈'이라고 쓸 거다." 하지만 그는 "매장되기를 원하지 않고 비석을 세우는 일은 더더욱 없을 테니 차라리 책을 낸다면 '시랍시고 끄적거리는 놈이 쓴 글'이면 좋을 것 같다."는 그의 이야기다.

단풍

유대형

다 못한 그리움이
저리 붉게 채웠을까

그리움도 부끄러워
붉히면 떨어질까

바라던
노을마저도
하냥 붉게 물든다

환경에 굴하지 않고 동료 장애인들의
보다 나은 삶을 위해 애쓰는 남자

전국 최초의 지체 1급 이장

유석광

파발교 근처에 위치한 사무실 입구 '해피드림 공동작업장'에
서는 10여 명의 장애인들이 일을 하고 있었다.

"이들이 집에 있으면 돌봐줘야만 해요. 나와서 일을 하면 비록
소득은 적지만 보람 있게 쓰고 가족들도 시간적 여유를 얻을 수
있지요. 일은 월요일부터 금요일까지 09시~18시지만 시간은 각
자의 사정에 맞춰 자유로워요. 내가 고용한 것이 아니고 일을 할
수 있도록 무료로 장소를 제공하고 각자가 일한 만큼의 소득을
챙겨주는 역할만 해요. 월 10~20만 원의 적은 액수지만 기뻐서
눈물 흘리는 모습을 보며 느끼는 감동은 형용하기 어려워요. 내
욕심은 이들이 일을 익히면 좀 더 나은 일을 할 수 있도록 여건
을 만들어주는 것입니다.

오포 매산리에서 3년을 운영하다 교통이 불편한 곳이라 장애

인들의 접근이 어려워 5년 전 이곳으로 왔는데 식구도 늘고 비좁
아져 더 넓은 곳을 알아보고 있어요. 임대료나 관리비가 싼 곳을
찾다보니 시설비가 문제네요. 특히 휠체어나 장애인들이 드나들
도록 문턱 제거, 수도배관, 화장실 등 시설개조에 큰 비용이 들
어갑니다. 8년 전, 이 일을 하고 싶다는 말에 아내는 3,000만 원
을 주며 응원해 주었고 그 돈을 씨앗으로 여기까지 왔어요. 항상
아내에게 고마운 마음 담아 최선을 다할 뿐이지요. 지금까지는 1
년에 100여 차례 다닌 강의비로 어렵게 꾸려왔지만 연간 2,500
만 원 정도 들어가는 비용과 책임져야할 일은 늘어나고 있어 걱
정입니다."

오늘도 안성의 양성초등학교와 광주노인회관으로 강의를 다녀왔다는 그의 무한 긍정 에너지는 어디서 나올까? 보통사람들이 오랜 시간 무릎을 꿇었다 일어설 때 느끼는 저린 증상과 유사한 통증을 매초마다 느낀다는 유석광 씨, 통증으로 인상을 쓰다 보니 주변의 친구들도 점차 멀어지더란다. 그래서 노력 끝에 늘 웃는 표정을 지을 수 있었다. 그 과정에서 무엇인가에 신경을 쓰다보면 통증도 잊는다는 것을 깨닫고 심리상담사 자격증을 취득했다. 장애인과 어르신들을 상담하다보면 통증을 호소하는 이들이 많다. 그러면 그들이 좋아하는 것이 무엇인지 묻고 그것을 하라고 권한다.

"2006년 불의의 추락사고로 지체장애 1급 판정을 받았고 11년이 지났습니다. 처음에는 정신적, 심리적으로 큰 고통 속에 몹쓸 생각도 했지요. 딸이 초라한 모습의 제 손을 꼬옥 잡고 "아빠 사랑해요"하는데 정신이 번쩍나데요. 아무것도 안 하면 아빠를 육체장애자가 아닌 마음이 병든 진짜 장애인이라 생각할지도 모른다는 생각에 장애인도 행복할 수 있고 즐길 수 있다는 생각을 자신에게 끊임없이 다짐했습니다. 덕분에 중도 장애자의 사회 참여는 보편적으로 10여 년이 걸리는데 비해 저는 1년 만에 새 길을 찾아 나설 수 있었습니다."

괴산이 고향인 유석광(69년생) 씨는 성남에 살다가 20년 전 오포 양벌리에 아파트를 분양받으며 광주로 왔다. 이곳에서 이장직을 맡았는데 지금까지 맡은 숱한 직분 중 유일하게 보수를 받는 직이라고 한다. 일을 제대로 못 하면 '장애인이 그렇지' 하고 장애인 전체에게 욕이 돌아갈까 봐 열심히 일한 결과 320가구 주민들의 부탁으로 이장을 연임하게 되었다. 유석광 씨는 지체 1급 전국 최초의 이장이다.

마침 찾아간 날은 유석광 씨가 창단해 5년째 이어오는 오케스트라 해피드림의 연습 날이기도 했다. 30명의 단원이 활동하고 있는데 비좁은 공간에 모인 그들의 현실은 장애인들을 대하는 광주시의 현실과 다를 바 없었다. 대한장애인수영연맹중앙회 상임이사를 5년간 지냈으며 현재 광주시 장애인수영연맹 부회장인 유석광 씨가 매우 안타까워하는 일이 있다. 브라질 리오네자네이로올림픽 장애인 수영 3관왕인 조기성 씨가 광주 사람임에도 광주시가 품지 못해 부산 대표로 출전을 한 사실이다.

유석광 씨가 하고 있는 일은 한두 가지가 아니다. 국가의 간섭을 받지 않는 유일한 단체인 국가인권위원회 강사이며, 국립재활원 경기도 대표 강사로 자신과 같은 실수로 인해 장애를 입는 사람들이 없도록 강의를 하며, 17명의 강사를 관리하고 32개 시군에 파견하는 일도 하고 있다.

또한 사단법인 광주시 한국장애인문화협회를 설립해 내년 예산을 신청했으며 매일 경안중학교에서 여분의 음식을 받아 노인정에 배달하는 일 또한 2년 째 하고 있다. 동에 번쩍 서에 번쩍 자신만의 자유로운 시간은 생각해 본 적도 없다는 그는 '우리복지재단' 사외이사이기도 하다. 장애인 지원센터 '행복을 여는 나무'를 1년 전 설립하였으며, 인권지킴이 단장이기도한 그는 6시 50분이면 출근해 밤 10시 이후에나 퇴근한다. 그의 장애 정도로는 2~3시간에 한 번씩은 누워야 하지만 8년여를 잠자는 시간 외엔 누워본 일이 없다. 30여 가지가 넘는 전 현직의 직분들을 지치지 않고 소화해 내는 유석광 씨의 끝없는 동료애가 자랑스럽다.

천주교 신자인 그가 성당을 간 기억이 희미하다는 것이 무슨 문제랴? 쓰러진 사마리아인을 먼저 돌보는 그의 삶이 진정한 예배인 것을.

사랑하는 아내 그리고 세 자녀와 함께 매달 목욕봉사와 식사봉사를 간다. 제대로 된 봉사를 하기 위해 교육을 받고 훈련도 열심히 했다.

사랑하는 딸이 "아빠! 우리 학교에 와서 강의 해주시면 안 되나요?" 할 때 제일 기뻤다는 유석광 씨! 중도 장애인임에도 환경에 굴하지 않고 동료 장애인들의 보다 나은 삶을 위해 애쓰는 그를 나는 존경한다.

광주를 위해 최선을 다한 사람,
광주를 사랑한 아름다운 사람

호스피스 병동에서도 나눔을 실천

이교성

"자랑스런 사람은 못 되어도 부끄러운 사람은 되지 마라!"

이교성. 가르칠 교教 자에 이룰 성成 자. 1944년생.

부친이 한국전력 초대, 2대 사장을 역임한 이희준이고, 교과서에서 자주 뵈었던 딸깍발이의 이희승은 작은 아버지다. 서울사범부속초, 경동고, 한양공고, 동국대를 다녔는데 그때 정원사와 가정부, 12개의 방이 있는 서울 이화동 480평 저택에 살 만큼 잘살았다고 한다.

학창시절은 사고뭉치의 '왕'이었다. 청평발전소에 고압전선을 넣어 고기가 사흘 동안 하얗게 떠내려가는 사고를 치고, 고교시절엔 축구공을 훔치다 들켜서 퇴학을 당하기도 했다. 아버지 사무실에서 도라지위스키를 마시고 "혼다 오토바이를 사 내라!" 난동을 부린 것도 고교시절의 부끄러움. 당시 혼다 오토바이가

격은 창신동 한옥 두 채 값이었다.

그 귀공자(?)가 지금 마약진통제를 붙이면서 투병 중이다. 연예인을 줄줄이 꿰고 다녔던 청춘이 있고 35년 당뇨병 중에도 하루에 담배 2갑과, 소주를 광주에서 천호동까지 늘어놓던 그가 이제는 호기를 뒤로 한 채 휠체어에 몸을 의지하고 세상을 향해 공자 같은 말씀을 하신다.

"한 줌의 재, 한 줌의 흙, 나에게는 예외인 줄 알았다.

사람은 미워하지 마라.

재산은 약도 되고 독도 된다.

빈곤 속에 살아야 사람이 된다.

돈 앞에선 마침표가 없다.

왜 내가 어려운 사람을 못 도와줬나 후회가 된다."

"저 놈이 뭐가 될까?" 늘 걱정하셨던 아버지의 마지막 유언이다. "자랑스런 사람은 못 되어도 부끄러운 사람은 되지 마라!" 그런 그가 이제 신앙의 길을 걷고 있다. 석 달 동안 안 들어와도 눈치를 안 주던 부인에게 사랑과 고마움을 표시할 줄도 안다. 그간 나를 속이고 세상을 속인 자들을 모두 용서하고 있다. 또한 나눔의 사랑을 챙긴다. 세상에는 나보다 어려운 사람이 많다.

암, 듣는 이의 가슴까지 덜컥 내려앉는 무서운 병이다. 암에 걸렸다고 하면 바로 죽음이 떠올랐지만 요즘에는 그렇지 않은 것 같다. 암으로 판명 난 경우에 의사들의 대처방법도 많이 달라졌다고 한다. 예전에는 환자가 받을 충격을 염려해 가족에게만 알리고 본인에게는 쉬쉬하기에 급급했으나 지금은 마음과 주변을 정리할 수 있는 시간을 준다.

참좋은요양병원 호스피스 병동은 생명 연장이 목적이 아닌, 육체적 고통을 줄여주고 정신적으로 평안한 죽음을 맞이할 수 있도록 돌보아 주는 곳이다. 담당 의사는 그의 삶이 짧으면 1달이고 길어야 3~4달이라는 폭탄 같은 선고를 내렸지만 1년 넘게 이교성 씨는 이겨내고 있다.

병실에서 만난 그의 목소리는 아직도 짱짱하고 힘이 넘쳤다. 기억력 또한 젊은이 못지않아 지난 일들을 정확한 시기와 상황으로 기억해냈다. 객기 넘치던 젊은 시절을 보낸 그는 얼마가 될

지 모르지만 자신의 남은 생을 자신보다 더 못한 사람들에게 마음을 나누며 살고자 애쓰고 있다. 같은 병실에 있는 환자들 중에는 돌보아줄 연고자가 없는 이들이 가끔 있는데 그들에게 먹을 것을 함께 나누는 작은 일부터 실천한다. 그것은 단순히 먹거리의 문제가 아니라 마음을 나누는 따스함이기 때문이다.

뒤돌아보니 가장 후회가 되는 점은 재산을 지키지 못했다거나 큰 부를 형성하지 못했다는 것보다 자신보다 어려운 이들과 함께하지 못한 점이라는 이교성씨, 그가 들려주는 마지막 말이 묵직하게 와 닿는다.

"어느 누구도 돈 앞에는 마침표가 없다. 돈에 대한 욕심이 끝이 없다는 뜻이다. 정치도 마찬가지라고 생각한다. 아름다운 정치인이 되어 달라."

그의 말처럼 광주를 위해 최선을 다한 사람, 광주를 사랑한 아름다운 사람으로 오래도록 기억되고 싶다.

※ 이교성 고문님은 2017년 12월 영면하셨습니다.
고인의 명복을 빕니다.

안타까운 사연들을 마주할 때면 자신의 이익을 챙기는
일보다 그들을 배려하는 사설 119 응급구조대

대한구조봉사회
이세진

내가 아는 어떤 분은 '119!'가 유언이었다. 119를 외치다가 돌아가셨다. 그만큼 응급상황에서 119는 하늘이다. 이세진 씨는 바로 그런 도움을 주는 하늘같은 사람이다. 119 사설 응급구조차를 운영하는데 급박한 순간에 그를 부르면 틀림없이 구세주로 나타난다.

"이세진 씨요? 제가 절박할 때 꼭 제 시간에 오셨어요. 어머니가 병원치료가 어려워 퇴원을 할 때 제 차를 운전해 주며 어머니 손을 꼭 잡도록 도와준 사람도 이세진 씨였고 장례를 모실 때도 찾아와서 위로와 큰 도움을 준 고마운 분이지요."(이세진을 추천한 지인의 말)

이세진 씨도 원래는 119 소비자였다. 그가 사설 응급구조업체를 운영하게 된 사연은 119를 이용하면서부터다.

"일찍 부모를 여의고 할아버지 할머니와 함께 살았어요. 그런 이유로 조부모님에 대한 마음이 각별했지요. 그런데 2002년 월드컵으로 대한민국이 뜨거웠던 해에 할아버지가 갑자기 쓰러져 돌아가시고 얼마 안 되어 할머니마저 쓰러졌습니다. 잇따른 할머니의 병환은 큰 슬픔이었고 충격이었습니다."

할머니는 매일 병원을 다녀야하는 입장으로 자신의 차로는 모시고 다닐 수 없는 상황이었기에 어쩔 수 없이 119를 이용하게 되었다. 그런데 너무 자주 이용한다는 이유로 못마땅했는지 하루는 차량을 요청했으나 화재현장에 출동하고 없다는 것이었다. 아침부터 전화를 걸었으나 오후까지도 차량이 돌아오지 않았다는 답변에 직접 소방서를 찾아갔고 얌전히 주차된 구급차를 보았다. 다시 전화를 걸었으나 역시 같은 답변을 듣게 된 그는 분노하여 112에 전화를 걸어 자신이 행패를 부릴 터이니 잡아가라고 한 뒤 소방서를 발칵 뒤집어 놓았단다. 다시는 119 구급차를 이용하지 않겠다고 생각한 그는 오로지 할머니를 병원에 모시기 위해 중고 사설 앰블런스를 구입하였다. 그런데 구조차를 이용할 수 있느냐는 전화가 오기 시작했고 하던 일을 그만둔 상태였기에 잠시 환자들을 돕다가 본격적으로 이 일을 하게 되었고 현재는 8대의 차량을 운행하는 업체가 되었다.

그는 이 일을 하면서 많은 인생공부를 하게 된다고 말한다. 사설 응급구조차량은 환자 이송 같은 일도 하지만 그늘진 곳에서 쓸쓸하게 죽어간 주검들을 이송하는 일이나 교통사고 현장에서

의 처참한 부상자들을 이송하는 일도 하고 있다. 독거노인의 사
망 같은 경우에는 정부에 청구하여 비용을 받을 수 있지만 그는
비용청구 대신 장례식장까지 챙기는 오지랖을 보인다.

처참한 교통사고 현장에서 환자나 사망자 이송시에도 울부짖
는 가족들을 보며 차마 돈 달라는 말을 할 수 없어 조용히 오는
경우도 허다하다. 하지만 언제나 그런 것은 아니라며 망자나 환
자에 대한 가족들의 태도가 불손한 경우에는 다 챙겨받는다는
그다. 이렇듯 안타까운 사연들을 마주할 때면 자신의 이익을 챙
기는 일보다 그들을 배려하는 마음이 늘 앞서다 보니 8대의 구
조차량을 운행하는 대표이지만 자신의 인건비도 못 건질 때도

많다.

환자를 이송하는 응급구조 차량에는 운전기사뿐 아니라 응급구조사가 의무적으로 동승해야 하기 때문에 인건비로 지출되는 부분이 크다. 그런 이유로 일부 업체들은 응급구조사 없이 환자를 이송하는 불법을 행하기도 하지만 이세진 씨는 환자의 안전한 이송을 위해 최선을 다한다. 또한 영화촬영장이나 축구장 또는 스키장 등에도 차량을 지원하고 있다.

이세진 씨는 너무나 틀에 박힌 형식적인 법 적용에 대해 쓴소리를 한다. 응급구조 차량은 만 9년이 되면 무조건 폐차를 해야만 한다. 이는 국가적으로나 개인적으로 큰 손실일 수 있는 부분이다. 물론 환자를 이송하는 차량이기에 노후된 차량으로 인한 위험상황을 미리 차단시키겠다는 뜻은 이해 하지만 실제로는 상태가 양호한 차량이 폐차 되는 일이 흔하게 생기기 때문이다. 환자를 이송하는 구급차량이기에 구급장비나 차량의 부품 교체 등을 자주하여 최상의 관리를 하는 차량을 무조건 폐차하기 보다는 상태에 따라 유동적인 처리를 하는 것이 바람직하다는 그의 생각이다. 오히려 응급구조사 없이 운행하는 경우 등의 불법에 대한 강력한 단속이 더 필요한 상황이라고 주장한다.

이세진 씨의 업체는 대한구조봉사회에 가입되어 국내외 사고 현장에 급파되기도 한다. 얼마 전 포항의 지진 현장에도 출동하였고 세월호 현장에도 출동하였다. 사고 소식이 들리면 현장에 가장 먼저 도착하는 이들이 바로 이들이라고 한다. 해외의 재난 현장에도 출동하는데 그에 따른 비용은 모두 사비로 충당하고 있다.

네팔과 중국 쓰촨성의 지진 현장에도 갔고 일본, 필리핀, 뉴질랜드, 터키를 비롯한 세계 각국의 재난 현장에 이세진 씨는 있었다. 이런 구호활동을 인연으로 필리핀의 두테르테 대통령과는 각별한 친분을 유지하고 있는데 그가 다바오 시장 시절부터 이어진 관계라고 한다.

아편과의 전쟁을 선포하고 극단주의 무장세력인 IS 추종세력과의 전쟁을 선포한 필리핀에는 현재 수많은 전쟁난민들이 있다. 이들은 특히 피부병이 심한데 그들에게 필요한 약품을 준비하여 다시 필리핀을 방문할 예정이다. 그들을 돕기 위해 여러 차례 필리핀을 방문했던 이세진 씨는 두테르테 대통령의 표창장을 받기도 했다. 우리가 살아가면서 겪게 되는 여러 다급한 상황 중에서도 가장 도움의 손길이 절실한 경우에 따뜻한 손을 내밀어 주는 사람, 갑자기 닥친 재난에 어찌할 바를 모르고 발만 동동 구를 때 가장 먼저 출동하여 구조에 앞장서는 사람, 그런 이세진 씨가 너른고을에 같이 살고 있다는 사실에 마음 든든하고 자랑스럽다.

수건은 걸레가 되지만 태극기는 걸레가 될 수 없다

태극기 전도사
이주동

이 친구에게 핸드폰을 누르면 들려오는 벨소리는 지겹도록 들어왔던 '새벽종이 울렸네'의 '새마을 노래'다. 늘 옷깃에는 태극기 배지가 달려있다. 그 이름 이주동. 친구들은 '주댕아~' 라고 편히 부른다.

"미친 짓 한다는 이야기만 들었어. 돈을 벌기는커녕 돈만 쓰고 실속이 없다는 거지. 아무도 알아주지 않고. 하지만 그래도 내가 좋아서 하는 일이라서 포기하지 않고 태극기 보급에 앞장서고 있는 거야."

지금까지 이 친구가 보급한 태극기는 8천여 장에 달한다. 2005년 3.1절, 이장을 보고 있을 때, 살고 있는 마을에 태극기 50장을 보급한 것이 시작이지만 본격적인 계기는 본인 환갑날이다.

"수건은 걸레가 되지만 태극기가 걸레가 될 순 없잖아. 그래서 환갑 답례품으로 준 것인데 신선하다는 사람들의 반응이 맘에 와 닿아 본격적으로 태극기 보급에 앞장서게 된 거야."

환갑날 500장을 시작으로 국경일이면 태극기 달기 대형 홍보형 현수막을 달았고 초등학교, 지역축제, 현충일, 국경일, 농민의 날, 광주시민의 날, 기념일, 관공서, 노인회, 보훈단체, 택시기사 등 태극기가 필요한 곳이면 나라사랑 태극기를 닥치는 대로 숱하게 미련 없이 뿌렸다.

이주동=태극기=꼴통보수라는 공식이 내 맘에는 안 들지만 난 내 친구의 나라사랑 순수성을 사랑한다. 17세 나이에 해병대에 들어갔다가 영원한 해병이 됐고 1973년 의용소방대를 계기로 40여 년 직업이 봉사인, 봉사의 길을 걸어 온 친구다.

초월읍에 사는 이주동(53년 광주 출생)씨는 태극기 사나이로 유명하다. 우리나라를 상징하는 태극기를 자비로 보급하는 일에 앞장서고 있기 때문이다. 그가 정성으로 보급하는 태극기는 가정 게양용이다. 그의 태극기 사랑은 현재진행형이다.

그는 나와 광주초등학교 동창이다. 함께 입학을 하였으나 3학년 무렵 지역별로 학군이 나뉘면서 대쌍령리 아이들 8명이 도곡

초등학교로 옮겨가게 되어 졸업은 함께 하지 못한 아쉬움이 큰 친구다. 그의 나라 사랑은 국화인 무궁화를 보급하기 위해서도 솔선수범이다. 진작에 자신의 집 울타리를 무궁화로 단장한 그는 신축하는 단독은 물론 아파트나 빌라에 조경수로 무궁화를 심는 조례를 만들어야한다는 주장이다.

이주동 씨는 틈날 때마다 주위에 무궁화 심기를 권장하지만 그의 열정만큼 호응도는 높지 않다. 특히 진딧물이 많이 생기기 때문인데 뿌리는 모기약으로 진딧물 퇴치가 가능하다는 것이다. 여름부터 피기 시작해 서늘해질 때까지 얼추 백 일을 피어 있는 무궁화는 대한민국의 국민성만큼 끈기와 집념의 꽃이라는 장점을 설파한다.

그뿐만 아니라 지역을 위해 여러 봉사단체의 직책을 맡아 바쁘게 활동하는 지역의 일꾼이기도 하다. 열일곱 살이라는 이른 나이에 해병대에 지원하여 제대 당시는 겨우 스물이었지만 그의 봉사활동은 제대와 함께 곧바로 시작된다.

의용소방대 활동을 비롯해 초월면 예비군 소대장을 10여 년 했으며 새마을지도자협회의 부회장과 총무 등을 맡아 활동했고 10여 년 이장을 하기도 했다. 여러 단체에 속해 활동했지만 봉사직이었기에 바쁜 만큼 그의 주머니는 빈궁해졌다.

건물 하나 있는 것을 팔아 정리를 했다고 하니 예상을 뛰어넘는 일이다. 그의 소득 없는 지속적인 활동에 대한 아내의 반응을 묻자, 환영하지는 않았지만 그렇다고 심하게 반대하지도 않았다

고 한다. 2016년부터 부인도 부녀회장을 맡아 봉사의 일선에 직접 나서고 있으니 그의 선한 마음이 통했다고 생각한다.

태극기 비용도 만만치 않다. 오랜 경험으로 태극기 제작업체와 직접 거래를 하기에 시중가보다 훨씬 저렴한 가격에, 바람이 불어도 엉키지 않는 양질의 태극기를 구입하고 있지만 개인이 부담하기에는 큰 금액이다.

태극기를 보급하는 그의 마음은 최소한 국경일이라도 집집마다 태극기를 게양했으면 하는 바람이다. 그래서 '국경일에는 태극기를 답시다' 라는 현수막을 제작해 걸기도 한다.

그러나 활동에 대한 주변의 반응은, 좋은 소리보다는 오히려 미친 놈이라는 소리를 듣는 경우가 많단다. 하지만 그가 좋아서 하는 일이니 어떤 대가를 바란 적이 없었기에 마음만은 누구보다 부자다.

아주 가끔, 태극기를 받고 고맙다는 인사를 건네는 사람을 만날 때 그간의 설움은 큰 보람으로 바뀐다고 한다.

그의 태극기 보급은 유명세를 타고 2016년에는 국회 국정감사에 참고인으로 불려가기도 했다. 태극기를 나누어주는데 어떤 불순한 뜻이 숨어있지 않을까 하는 이유에서였다. 그러나 그의 순수한 나라 사랑하는 마음을 알게 되어 표창장을 받아서 돌아왔다. 대한민국을 상징하는 태극기 보급에 앞장선 그의 순수한 열정이 비로소 인정을 받은 것이다.

난 내 친구의 깊은 나라 사랑 순수성을 사랑한다. 주뎅이라는 별명으로 부르던 자랑스런 내 친구에게 나는 뜨거운 마음으로 훈장을 주고 싶다.

있는 대로 인내하고 있는 대로 어르신을 사랑한다

해원너싱홈 원장
임경숙

초월읍 학동리는 KBS PD시절 '문화가산책' 프로그램 촬영차 한국예종 이영조 교수님을 뵈러 두세 차례 방문했던 지역이다. 그 분은 학동리가 창고와 공장지대로 변모하게 되자 '숨차다' 면서 아쉽게도 광주를 떠나 버렸다.

해원너싱홈. 광주시 초월읍 학동3리 높은 산자락 밑에 자리한 어르신 요양원이다. 쉽게 표현하면 어르신 유치원, 치매환자가 대부분인 어르신들이 함께 모여서 식사하고 놀면서 하루하루를 보낸다. 내가 방문하던 날도 대부분 휠체어에 몸을 기댄 어르신들이 풍선으로 공놀이를 즐겁게 하고 있었다.

"어르신들은 노래 부르고 저렇게 움직이는 게임을 좋아해요. 지금 하는 게 풍선배구 놀이인데 다양한 전문가 프로그램을 개발해서 그림도 자주 그리고, 여름이면 텃밭 채소도 함께 가꿉니

다."(임경숙 원장)

임 원장을 처음 인터뷰하면서 가졌던 마음의 확신은 어르신에 대한 자신감이다. 광주시 보건소 공무원 22년을 하면서 늘 봐왔던 게 어르신 복지이고 잘 할 수 있는 게 어르신 보살핌이어서일까. 넉넉히 웃는 모습에 어르신을 잘 모시고 있다는 자신감이 꽉 차있다. 천상 어르신 맞춤형 원장이다.

너싱홈 해원은 2011년 학동리에 과감한 투자를 했다. 이유는 좀 더 너른고을 광주에 모범이 되는 요양원을 해보고자 함이다. "근데 멋모르고 했어요. 곁에서 보는 것과 실제 안에서 겪는 관리는 전혀 다릅니다. 치매노인이 80%인데 그 치다꺼리가 상상을 초월하지요. 저도 어지간한데 요양보호사 자격증만으로는 감내

해 내기 힘든 경우가 참 많아요. 있는 대로 인내하고 있는 대로 어르신을 사랑해야 해요."

요양보호사는 3D업종이라는 임 원장의 설명 말고도 공공성을 강화한다는 의미에서 국가 규제도 만만치 않은 모양이다. 심한 경우 도둑 취급까지 받을 때가 있다고 하는데, 이는 모두 임 원장이 앞으로 넘어야할 과제이다. 그래서 24시간 돌봐야하는 노동 강도에 비해 월급도 변변치 못하게 받는 직원들을 보면 늘 죄송스럽다.

요양원 건물에 살고 있는 그녀의 퇴근시간은 밤 10시다. 가까운 사람들은 내심 그녀가 이 일을 그만두길 바란다. 최선을 다하고도 언짢은 소리를 들을 때가 많으며 신체 활동이 자유로운 분들은 언제나 위험 요소를 안고 있기 때문이다.

해원 식구들이 모여 김장을 담기 위해 모였다. 지난해는 1,000포기를 담았으나 올해는 한 번 더 담을 마음으로 500포기만 담는다는데도 그 규모는 대단했다. 그녀는 해마다 김장을 정성스럽게 담그며 어르신들의 무탈을 소원한다. 김장 속 매콤한 양념냄새가 맛있게 퍼지는 해원의 올 겨울을 생각하는 것만으로도 따뜻함이 느껴졌다.

언제나 누구에게나 진심을 다하고자 하는 신념이
광주지역을 빛처럼 환하게 밝히리라

완미화학 대표
장 형 완

내가 좋아하는 동갑내기 너른고을 문학의 허정분 시인이 전혀
분야가 다른 장형완을 칭찬하리라고는 꿈에도 생각지 못했다.
허 여사가 칭찬하며 광주사람 모두가 그를 좋아할 것이라고.

1958년 개띠. 세발낙지의 고장 무안이 고향. 그 옛날 'KBS농업
도 경영이다' 란 프로그램이 있었는데 1997년경일까? 전남 무안
으로 돼지농가 취재 갔다가 무안 비행장 근처 땅 좀 사놓으면 대
박을 친다는 강한 유혹이 있었다. 그때 실행 됐다면 나는 지금
그곳에서 농사짓는 무안 사람이 되었을지도 모른다.

장형완은 열미리에서 플리스틱 사출공장을 한다. 사출이라는
이름이 다소 생소하지만 생활용품, 자동차용품, 핸드폰이나 TV
케이스 등의 틀 하나하나를 생산해 낸다. 얼마 전 공장을 방문할
기회가 있었다. 부부가 잘 생긴 아들까지 합세시켜 성실경영('성

실'은 허정분의 표현)을 한다. 대부분 외국인들이 자리를 메웠고 크
레인이 왔다갔다하면서 100명 분의 몫을 해낸다.

　장형완은 약방의 감초 같은 사람이다. 어딜 가더라도 웃고, 어
딜 가더라도 그 모임의 분위기를 상큼하게 살려주고 채워주는
역할이다. 마을 모임에 그가 가면 마을 모임이 달달해지고 단체
모임에 그가 가면 단체 모임이 달달해진다.

　마을 친목계를 함께한다는 허정분의 말.

　"안 지 10여 년 됐는데 괜찮은 분이다. 기업도 크진 않지만 성
실하고 알차게 경영하고 있고, 지역봉사도 밝은 성품으로 앞장
서서 돕는다. 늘 웃는 얼굴이다. 늘 이웃과 정을 나눈다. 그래서

우리 친목계는 그가 있어야 재미가 있고 또 그가 빨리 오기를 모두가 기다린다."

그 장형완. 25년 전 초월읍 초대 조기축구회 회장직을 역임하면서 지역 구석구석에 뿌리를 깊이 내렸다. 또한 기업인들과 수시로 정보를 교환하면서 광주발전에 대해서 활동하다보니 어느새 차기 광주시기업인연합회 유망 회장 후보에 올라 있다. 그래도 요즘 기업경영은 어려운 내색이다.

"20년 전이나 지금이나 공장의 생산가격은 같은데 3D업이다 보니 일하는 것도 무척 힘들다. 동종업체와의 경쟁도 힘들고, 그간 인건비는 너무 올라 버렸다. 봉사하는 마음으로 기업을 경영하지만 갑을 구별이 안 되어 자존심을 많이 다친다."

광주기업인협회 산하 곤지암 지회장과 광주라이온스클럽 회장을 역임하기도 한 그는 봉사의 현장을 좋아한다. 곤지암 중·고 펜싱부에 적지 않은 후원을 했으며 소년, 소녀, 독거노인들을 위한 후원도 꾸준하게 하고 있다.

그가 회장으로 일할 때는 이분들을 위한 후원금을 따로 책정하기도 했다. 후원의 양상도 세월이 흐르면서 많이 바뀌었다고 한다. 지금은 현금을 선호하지만 예전에는 실생활에 필요한 물건을 직접 전달하는 것을 우선시했단다. 후원을 했지만 어떤 경로를 통해 누구에게 전달되는지 불확실한 현금 후원보다는 내가 사는 지역의 어려운 이웃들에게 필요한 물품을 바로 건넬 수 있기 때문인데, 회원들이 20kg짜리 쌀포대 100개를 직접 어깨에

짊어지고 전달한 적도 있었다. 그 외에도 회원사에서 생산한 생필품이나 건어물 등을 전달하기도 하며 지역민들과 항상 함께하는 기업인임을 잊지 않으려 다짐한다.

기업인으로서 꿈이 있다면 기업홍보관을 세우는 일이다. 이를 위해 광주기업인협회에서는 지속적인 노력을 기울이고 있는 중이다. 광주시의 생산품들을 모아 전시하여 바이어들이 홍보관만 둘러보아도 어떤 품목들이 어떤 과정을 통해 생산되는지 쉽게 알 수 있어 큰 도움이 될 수 있을 거라 생각한다. '거짓은 짧고 짧다. 진실은 길고 길다'를 좌우명으로 삼고 살아간다는 장형완 사장, 언제나 누구에게나 진심을 다하고자 하는 그의 신념이 그가 운영하는 기업과 광주지역을 빛처럼 환하게 밝히리라 믿는다.

여성들이 눈을 부릅떠야 정치가 발전하고
광주지역 사회가 발전한다

마리아공동체 소장
정인숙

수녀원 출신의 정인숙에게 어떤 표현이 정답일까? 아무리 고민해도 별반 아이디어가 떠오르지 않는다. 1949년생이라는데 얼굴에서 풍기는 곱디곱고 온화한 이미지는 그녀와의 한 시간여 동안 대화와 어울리지 않았다.

그녀가 1970년도 전태일 열사의 분신 사건 후 청계노조에서 노동운동을 시작했다는 사실과 여차하면 빨갱이로 몰리던 시절

집요하게 파고드는 공권력에 맞장을 뜨며 노동운동을 전개했고, 사회의 잘못된 법을 바꾸기 위해 조직을 만들어 뭉쳐서 싸우고 싸웠다던 경력을 듣고, 나는 그녀에게는 '작은 독립투사' 라는 이미지를 연상했다.

사망한 서예가 월파 강주관 선생은 그녀의 남편이다. 광주와의 인연은 2000년부터다. 서울에서의 노동운동을 정리하면서 광주에서의 활동이 전개되었다. 서울에서의 활동이 노동운동이라면 대부분 광주에서의 활동은 여성문제에 관한 봉사활동이다.

2002년 광주시에 '씨알여성회 가정폭력 성폭력 상담소' 라는 법인을 만들었고 2006년에는 도척면 유정리에 있는 작은 '작은 안나의 집'에서 노인요양원 일을 돕고, 2006년에는 경기도 최초로 '폭력피해 이주여성쉼터'를 만들어 활동하기도 하였다. '폭력피해 이주여성쉼터'는 한국 남자와 결혼한 이주여성의 가정폭력 피해자들을 돕는 일이다.

한편 초창기 광주여성연대 대표 시절도 있었다. 의정 모니터링 단장으로 지방자치와 지방정치에 대한 이해를 향상시켜 지방의회에 대한 성평등 의식 제고와 견제의 역할을 할 수 있도록 하는 데 중점 활동을 펼쳤다. 여기에 또한 지역사회에 성평등 정치문화를 정착시킬 수 있는 토대를 마련하고, 여성의 정치 참여도를 높여 지역 활동을 위한 기반을 마련하기 위한 노력을 기울였다.

"대부분 준비 없이 브로커의 소개로 결혼해 외부와의 접근이 두절된 상태에서 매를 맞고 사는 여성을 위한 쉼터를 운영했지

요. 또한 여성들이 세상에 대한 관심이 너무 없으니까 답답해서 시작한 게 정치교육입니다. 여성들이 눈을 부릅떠야 정치가 발전하고 광주지역 사회가 발전하는데 여기 실행과정에서는 정말 어려움이 많았지요."

설립 15주년이 된 광주 씨알여성회는 전국에서 인정받는 기관으로 주변 도시에서까지 많은 상담자가 찾아온다. 그중에는 성폭력 상담이 가장 많다. 가해자는 지인이나 친척도 있지만 근친, 심지어 아버지인 경우도 있어 그 심각성을 더하게 된다. 하지만 근무자 3명의 인건비와 기본운영비는 시에서 보조를 받지만 나머지 운영비는 후원금으로 겨우 충당하고 있기에 운영에 어려움이 많다고 한다.

지금 그녀는 서울과 광주를 오가며 '마리아공동체'의 소장 일을 통해 인생에서 가장 빛나는 마무리 봉사활동을 하고 있다.

"여성단체 활동에 광주시의 관심이 좀 많았으면 합니다. 그리고 다문화센터는 100% 정부지원으로 운영이 되지만 퇴직한 공무원이 대표를 맡기 때문에 몇 십 년씩 고생한 실무자들은 설 곳이 없지요. 지방자치의 폐해인데 작은 도시일수록 그 정도가 심합니다. 오랜 시간 고생한 실무자들이 일할 수 있는 배려가 필요합니다."

그녀의 노동활동, 여성활동의 노하우가 광주에 많이 스며들었으면 한다.

삶을 귀하고 아름답게 이어 나가다

해피드림오케스트라 단장

정 혜 경

세상에 천사를 가장한 악마(?)가 얼마나 많은가? 자기 스스로를 천사라 칭하는 사람일수록 그 반대인 경우가 많다. 하지만 'angel 정혜경'은 천사표다.

늘 웃는 얼굴에 봉사가 몸에 밴 그녀를 사람들은 'angel'이라 부른다. 누구나 자신의 그릇 모양대로 세상을 살듯이 '천사예능학원'을 5년여 운영한 정혜경은 천사학원이란 이름의 그릇에 참 잘 어울리는 사람이다.

"30대 때 음악학원을 운영했어요. 그때 학원 이름이 천사예능학원이었지요. 그래서인지 절 '천사야~ 천사야~'라고 불렀어요. 제가 천사인 듯한 착각에 빠지지요."

angel 정혜경. SNS에서 '좋아요'를 꾹꾹 눌러주는 좋은 친구다. 늘 궁금했다. 누굴까? 정말 천사표일까? 어떤 얼굴을 가졌을

까? 어떤 일을 하고 있을까?

그렇게 꿈에 그리던 엔젤이 어느 날 나를 찾아왔다. 얼마나 기쁜 일인가, 따스한 차 한 잔 드리면서 천사는 어떤 얼굴일지 요리조리 살펴보고 그간 궁금했던 것 요것저것 물어보았다.

40대 중반의 나이. 1남 1녀 엄마. 피아노 전공. '착하게 착하게 살아야겠다.'는 생각으로 시작한 봉사활동. 이젠 직업처럼 되었다. "어르신, 청소년, 장애인 등 소외계층을 대상으로 재능으로 돕고 있어요. 장애인과 비장애인이 참여하는 '해피드림오케스트라' 단장은 그래서 맡았습니다."

장애인 오케스트라 '해피'를 선뜻 맡은 그녀다. 돈이 생기나, 명예가 있나, 누가 알아주나, 시력이 불편한 분, 손이 불편한 분,

거동이 불편한 장애인들을 대상으로 애를 쓰고 금쪽같은 시간을 쓴다. 벌써 3년째다.

장애인과 비장애인 부모 등도 함께 연습하는 어려움이 있고, 정상인 1시간이면 장애인은 3~4시간 연습을 해도 될동말동한 인내와의 싸움이다. 늘 웃어야 하고 지칠 수가 없다. 음악이 그들에게 무슨 도움이 될까 했지만 결과는 본인과 부모님들 모두가 감동을 받고 있었다. 오히려 장애가 불가능을 가능하게 하는 특별한 힘이 있다는 것을 깨닫는 계기가 되었다. 단원들 대부분이 음계를 몰라 스티커에 써서 붙이고 도미솔을 쳤다. 극한의 상황을 이겨내며 자신들의 입과 손으로 멜로디가 연주될 때까지의 노력을 생각해 보라. 비장애인들 중엔 그들의 연주를 들으며 저게 무슨 오케스트라야 할 사람도 있겠지만 시각을 달리하면 충분히 감동할 수 있는 아름다운 연주가 분명하다.

그녀는 매주 청소년수련관, 경안동 행정타운 해피드림오케스트라, 민들레학교, 노인복지회관 합창단 반주, 사회보장협의체 청소년 분과 총무, 광주시 학원연합회 자문위원회 총무, 탄벌중학교 대안교실 수업 등 삶을 귀하고 아름답게 이어 나가고 있다. 광주시의 천사 정혜경 단장께 감사의 마음을 가득 담아 차렷! 경렛!

혐오시설이라고 생각하는 시설들이 내 집 주변에는 절대
안 된다고 생각하는 개인 이기주의의 현실을 되짚어 봐야

러브펫 대표
조용환

　명지대 사회교육대학원에서 장례지도학을 수료한 장례 1급 지
도사인 조용환 씨(47년생 충남 논산)는 반려동물 1,000만 시대에 년
간 50만 마리가 죽는 현실을 직시하고 이 사업의 가능성을 예견
한다. 반려동물 장례식장에 취업하여 노하우를 터득하고 러브펫
이라는 반려동물 장례업체를 초월읍 지월리에 설립했다. 화장
로, 장례서비스에 필요한 각종 도구와 비품을 마련하고 염습실,
추모실 등을 마련하고 홈페이지도 만들어 홍보했다.
　반려동물 장례지도사란 반려동물이 죽었을 때 합법적인 절차
를 통해 장례상담, 장례절차 및 사후처리를 대행해주고, 동반자
인 반려동물을 잃은 주인이 슬픔을 극복하고 정상적인 일상생활
로 돌아갈 수 있도록 도움을 주는 전문인이다. 가족처럼 살아온
애완동물의 죽음을 쓰레기로 버리거나 주변 산에 버려 환경과

자연이 훼손되고 오염되는 현실에서 동물 장묘업이 꼭 필요함은 두말할 나위가 없다. 사랑하는 가족이 세상을 떠나면 가족들은 슬픔 속에서도 격식을 차려 고인을 보내주려고 한다. 가족들에게는 반려동물의 죽음도 마찬가지 슬픔의 크기로 다가온다.

1인 가구가 늘어나고 가족 간의 대화가 점차 줄어들면서 반려동물을 키우는 가구 수는 급격하게 늘어나고 있는 추세다. 전국 가정의 20%가 반려동물을 기르고 있다고 한다. 하지만 필요할 때는 가족처럼 키우다가 귀찮거나 짐으로 느껴지면 내다버리는 경우도 있다. 그렇게 유기된 반려동물로 사회적 문제가 되고 있는 요즘, 반려동물 장례지도사는 동물에 대한 생명존중 문화를 만들어 가는 데 일조할 수 있을 것이며, 사후처리 관련 전문가로서 반려동물 문화에 일대 변혁을 가져올 수 있을 것이라고 믿는다.

동물 장묘업은 납골당, 장례식당, 화장장 이렇게 세 가지 허가를 득해야 온전한 사업체가 된다. 서울이 가까운 관계로 광주에는 동물 장묘업장이 러브펫을 포함해 다섯 군데가 있는데 관련 부지에 일정한 조건이 충족되는데도 허가를 내주지 않으면 소송을 통해서 허가를 득할 수 있기 때문이다.

러브펫 대표이며 (주)동물사랑 대표회장인 조용환 씨는 2016년 10월 22일 설립된 한국동물장례협회 초대회장으로 추대되었다. 국가원로회의 지도위원과 국가안보포럼 회원으로 봉사를 하고 있으며 초월읍 충남향우회장을 맡고 있다. 조용환 씨는 화장장 2층에 살림집이 있다. 생활에 꼭 필요하지만 혐오시설이라고 생각하는 시설들이 내 집 주변에 들어서는 것만큼은 절대 안 된다고 생각하는 개인 이기주의가 팽창해 있는 현실을 되짚어 볼 일이다.

입던 옷만 리폼하는 곳이 아니라
상한 마음까지 리폼시켜 주는 사람

명자네 리폼하우스
함명자

마음을 열고 긍정적 마인드로 함께 살아가는 '따명자'

이렇다할 직함이 없으니 나는 함명자 씨를 '따명자' 라 부르고 싶다. 어제 저녁 우연히 그녀의 역동 작업장을 들렀다. 역시 사람 사는 분위기다. 그녀의 사랑 팬들 와자지껄 웃음소리가 가득하다.

늘 따스한 마음으로 용기를 주고 격려를 아끼지 않았던 분. 17년 세월, 지금도 그 마음은 한

결같다.

'따명자'란 이름은 가진 건 없지만 늘 따스한 온기를 이웃과 나누고 베풀 수 있는 마음의 명자를 말한다. 늘 마음을 열고 이웃과 더불어 살아가는 여유와 궂은 일, 어려운 일을 마다하지 않는 그녀의 따스한 성품에 마음이 이끌려 다닌다.

광주시 역동 39-11번지, 구 3번 종점 자리에 있는 명자네 리폼 하우스는 명자씨가 없어도 수시로 문이 열린다.

열쇠를 갖고 있는 사람들이 다수라는 뜻이다. 그들이 수선할 물건도 받아놓고 수선한 옷도 내어준다. 세상 돌아가는 일이 아침저녁으로 변한다는 말을 절절하게 실감한다는 함명자 씨(57년 양양 출생), 한때는 손님들로 문턱이 닳을 정도였다. 옷이 귀하던 시절에는 옷을 몇 번이고 수선해 입었기 때문이다. 요즘은 값싼 옷이 지천이다 보니 웬만하면 수선하러 오는 일이 드물다. 수선 맡길 비용에 조금만 보태면 새옷을 구입할 수 있으니 당연한 일이다.

명자 씨는 겸업을 하기에 이른다. 09시부터 15시까지는 시각장애인 활동보조를 하고 수선집으로 출근한다. 함명자 씨가 하는 활동보조 도우미의 역할은 시각장애인이 안전한 활동을 할 수 있도록 돕는 일로, 한 달에 100시간을 장애 대상자와 함께한다. 이미 100시간을 채웠어도 대상자에게 일이 있다고 연락이 오면 즐거운 마음으로 가서 돕는다.

20년 전, 성남에서 봉제공장을 크게 하던 명자 씨는 6억이라는 빚을 졌다. 그 일로 남편은 병을 얻었고 상태가 점점 나빠져 지금은 10년째 요양원에 있다. 광주로 이사를 온 명자 씨는 수선을 하면서도 살기 위해 각종 생활자격증을 취득한다.

장애인활동보조, 요양보호사, 산모도우미, 장례도우미 등의 자격증이다. 장례도우미로 염도 직접한다. 빚을 갚아 나가면서 남편의 병원비에 아이들 교육비와 생활비를 벌기 위해 앞만 보며 열심히 살았다. 사람답게 살기 위해, 신용 없는 사람으로 낙인찍히고 싶지 않아 악착 같이 살아낸 결과, 파산신청 없이 드디어 올 4월에 모든 빚을 청산했다. 신용이 회복되고 현금서비스를 50만 원이나 받을 수 있는 신용카드를 받아들고는 너무 좋아 손님에게 같이 기뻐해 달라고 부탁까지 했단다.

짬짬이 시간을 내어 적십자봉사와 YMCA봉사 그리고 의제21 경안천 살리기 봉사를 하고 있다.

"아무리 힘들어도 결코 주위에 손 벌리지 않았고 얼굴 찡그리지 않았어요. 늘 화통하게 웃는 모습만 보아온 주위 사람들은 모두들 내가 엄청 잘 사는 줄 알아요. 누구를 위해서가 아니라 나를 위해 매순간 그렇게 살아왔어요. 근래에는 시집간 딸과 아들이 남편의 병원비를 도와주고 있어 부담이 줄었지요. 병든 아버지와 어머니를 모실 거라고 말해 혼사가 쉽지 않던 아들에게 수애라는 예쁜 이름의 좋은 배필이 생겨 곧 결혼식을 올리게 되었답니다. 올해는 어려움도 있었지만 경사도 많았네요. 엄마는 남자로 태어났어야 했다고 아들이 하는 말이 위로가 되더라고요."

168

오늘도 명자네 리폼하우스에는 객들이 먼저 북적인다. 사람을 좋아하고 해 먹이는 것을 좋아하다보니 오며가며 정이 든 사람들의 사랑방이 되었다. 주일이면 이곳에서는 독거노인에게 라면봉사가 이루어진다. 유종성 목사가 예배드리는 마음으로 사모와 딸과 함께 행하는 사역이다.

학력은 초등학교 졸업이 전부다. 하지만 세상 실력은 대학 졸업 이상이다. 지난번 집 문제로 소송이 걸렸을 때 그녀는 변호사 조력 없이 혼자의 힘으로 눈물겨운 사투를 벌였다. 비록 2백만 원 벌금을 받았지만, 그 실력을 인정받아서 법대를 나온 나를 부끄럽게까지 만들었다.

어제 이야길 들었다. 운영하는 리폼하우스 경기가 예전만 못한 모양이다. 그런 중에 10년 동안 병원 신세를 지고 있는 남편도 늘 돌보아야 한다. 그래서 '따명자'의 하루 일과는 매우 빠듯하다. 매일 오전시간을 활용해서 6시간 씩 시각장애인 도우미 봉사 활동까지 한다. 살고자 하는 노력이 훈장감이다.

답답하고 어려운 일이 있는 사람들이 와서 하소연을 하면 그동안 자신이 살아온 이야기로 위로해주고 힐링을 시켜 주는 곳. 입던 옷만 리폼하는 곳이 아니라 상한 마음까지 리폼시켜주는 명자네 리폼하우스다. 환갑 선물로 동생이 사준 액세서리 세트에 활짝 웃으며 건강을 잘 지켜 꾸준히 봉사하는 삶을 살고 싶다는 바람을 털어놓는 당신이 최고입니다.

3부

광주에서
행복한
사람들

잃어버린 햇살에게 내어줄 반듯한 자리 하나
늘 비워두고 있는 낭만 가객

너도 꽃이다
강남율

"경안동 시장에서 한우리사 레코드 가게를 10여 년 했어요. 주 고객은 학생들로 등굣길에 좋아하는 노래를 메모지 빼곡히 적어오면 테이프에 녹음을 해 주었는데, 그 수입이 짭짤했습니다. 다섯 평 가게에 노래를 들으러 오던 아이들이 50대가 되어, 오다가다 만나면 반갑게 인사를 해요. '김범룡의 '바람바람'을 들으러 자주 갔었는데,

저 기억나시나요?'라고 묻는 사람도 있어요. 제 기억으로도 제일 많이 나간 LP판이 '바람바람' 이었지요."

한때, 강남율 시인은 새벽이면 버스를 타고 마장동 시외버스터미널을 거쳐 도매상이 있는 청계천으로 가서 들고 오기 벅찰 정도로 레코드판을 구입해 왔다. 지금 생각해 보면 젊었기에 가능한 일이었다. 선천적 지체장애자라 양손에 목발을 짚고, 한 번 나서기도 버거운 길이라 나갈 때마다 무리였다. 하지만 그 길을 오가며 인생을 배웠고, 정이 들어 이젠 광주를 고향이라고 주저없이 말을 한다.

20대에 부모님을 따라 광주에 정착한 강남률 씨(시인. 기타 선생님)는 수원에서 태어나 제부도 가는 길목, 공룡 알 화석지가 있는 화성시 송산면에서 자랐다. 중 2 때 서울에서 악단 기타리스트로 활동하던 친구 형이 요양 차 왔을 때 기타를 배우게 되었고, 그후로 기타를 손에서 놓지 않고 살았다. 광주문화원 김진영 전 사무국장의 초청으로 문화원에서 매주 화요일과 목요일에 2시간씩 기타교실 강사로 일한 지 11년이 되었다.

주중에는 빈 날 없이 문화원 등 관내 문화의 빈 공간을 찾아 기타의 아름다운 선율을 풀어내는 선생으로, 현재 수강생이 70여 명이다. 그동안 어림잡아 1000여 명의 제자를 양성했다. 최고의 보람은 여타 공연장에서 많은 제자들이 빼어난 기량으로 연주하는 것을 볼 때라고 말한다.

그는 시인 등단 소감 말미에

　"저기 어디, 유년의 툇마루 한편에 잃어버린 햇살에게 내어줄 반듯한 자리 하나 늘 비워두겠습니다."라고 썼듯이 문학행사나 모임에선 늘 기타를 치고 노래로 흥을 돋운다. 종국엔 갈 길이 막연한 사람들에게 자신의 차에 반듯한 빈자리를 마련해 편안히 모시는 역할을 결코 소홀히 하지 않는다.

　그의 신체 특성상 목발을 짚으며 다져진 멋진 상체 근육엔 자신을 키워준 송산면의 공룡 알 화석이 하나 둘 들어와 속속 자리를 틀고 있다.

　그가 맑은 물가를 찾아서 낚시를 한다. 칠흑 같은 밤, 반딧불이가 수없이 짝을 찾아 비행을 하는 강가에서 낚싯대를 드리웠다.

　반딧불이다.

　반딧불이 너도 꽃이다.

세상에서 가장 작은 정원
'천국정원'을 가꾸는 길가정원사

76세 소년 정원사
김경호

정원이라고 하면 멋진 잔디밭에 고급수종이 식재된 그림 같은 정원을 우리는 연상한다. 하지만 길가에 작은 정원을 만들고 다듬는 김경호 씨가 가꾸는 정원은 아주 작은 20평 남짓한 크기다. 세상에서 가장 작은 정원이다. 그는 여기에 인생의 모든 것을 걸고 우주를 담아내려 한다. 천국정원이랄까? 궁궐 같은 호사 정원은 못되지만 천국정원에는 그의 영혼이 고스란히 담겨 있다.

퇴촌면 광동교에서 좌측으로 양평 외곽도로로 빠지는 길을 가다 보면 길가에 작은 정원이 하나 있다. 20평 남짓한 작은 정원이니 정원이라 할 것도 없지만, 그래도 길가에 있는 정원이니 '길가정원'이라 부르는 것이 좋을 것이다. 사시사철 단정한 공간에 꽃과 나무가 어우러진 정원으로는 여느 정원과 같다. 하지만 그곳에 가 보면 다른 곳에서 느낄 수 없는 아기자기한 공간연출의 묘한 맛을 느끼게 된다.

　천국정원에서 자라고 있는 식물은 은쑥, 8년 된 도라지, 바위솔, 요술꽃, 장미기린초, 백묘국, 우산이끼, 은엽아지랭이, 눈향나무 등 60~70여 가지에 불과하다. 하지만 이 식물들은 이 공간에서 주인에게는 없어서는 안 되는 보물들이다. 이 보물들이 성모 마리아상과 작은 성당 조형물과 잘 어우러지면서 다른 곳에서는 연출이 어려운 길가 정원만의 가치를 뽐낸다. 입장료도 없

고, 언제든지 무료 주차다. 씽씽 자동차 소리는 들리지만 잠시 쉬어 즐기고 갈 수 있으니 이보다 좋을 수가 있을까?

이 길가 정원을 12년째 내 집안의 뜰처럼 가꾸는 이는 76세의 소년 정원사 김경호 씨다. 원래는 정원 안쪽 하우스에서 수석가게를 하면서 정원을 함께 가꾸며 살아왔다. 하지만 3년 전 불이 나 전소가 되어 수석가게는 아예 접었다. 그래서 달랑 남은 길가 정원만을 가꾸면서 마음을 붙이고, 사랑을 쏟고 있다. 마치 정밀시계 수리공처럼 섬세한 손길로 치밀한 정성을 다한다. 남들은 "에그~ 이게 뭐야"라고 비웃을 수 있지만 주인인 소년 정원사에게는 12년을 가꾸어 온 낙이며 꿈의 공간이다. 또 인생의 모든 것을 건 우주를 담은 천국정원이다.

"서울 세종로가 고향이지요. 16년 전 이곳에 하우스를 얻어 수석가게를 열었어요. 그런데 4년쯤 지난 어느 날 아침, '수석'이라고 쓰인 내 집 간판을 보는 순간 흉하게 보이기 시작하더니 가슴이 답답해지는 거였어요. 물가에 있어야 할 돌들을 집안으로 들여 내가 지금 뭘 하고 있는 건가? 간판을 볼 때마다 점점 심해지는 가슴 통증을 이길 수 없어서 며칠 후 간판을 없애 버렸어요. 그런데 신기하게 나도 모르게 세상이 새로워지고, 덩실덩실 춤을 추고 있는 나를 발견한 거지요. 그런 와중에 불까지 나서 자연스럽게 수석가게를 접고 꽃과 풀과 돌이 어우러지는 정원에 땀을 쏟게 되었습니다."

스스로가 좋아서 시작한 일이다. 수석을 접고 정원에만 매달리

자 그는 해방을 맞은 듯이 영혼이 자유스럽고 좋았다고 한다. 처음엔 나무와 꽃을 심고 가꾸는 과정에서 얻는 기쁨이었지만 흐르는 시간 속에 나름 정원의 모양이 만들어지면서 오가는 사람들의 애틋한 사랑의 눈길이 더해져 더욱 신바람이 났다.

"지금은 이 미니 정원을 아는 지인들이 많아졌어요. 와서 보고는 고맙다고 인사도 하고, 사진 찍고 신호에 밀린 차 안에서 엄지를 추켜올려 흔들어주기도 해요. 또한 봄부터 가을까지 그때그때 변화하는 정원의 모습을 페북에 소개하는 사람도 있어 참 감사하게 생각하지요."

"하늘의 일은 늘 신비롭다."는 김경호 씨다. 비 온 다음날 오무르르 나온 싹들을 보면 천국에 온 듯하다. 또한 내딛는 발걸음에 풀들이 다칠까봐 용서를 구할 정도로 마음을 쏟다보니 신기한 일이 생기기도 한다. 와송을 들이고 싶다는 마음이 간절했는데 언제부터인지 두 개체가 저절로 나와 예쁘게 크고 있다. 또 누군가 우산이끼가 있으면 정원이 풍요롭겠다며 가져다준다 했는데, 어느 날은 우산이끼가 자리를 잡았다는 것이다. 요즘 그는 꽃 한 송이, 풀 한 포기, 나무 한 그루에 빠져 있다. 정원 식구들의 이야기를 하면서 웃는 모습은 딱 사춘기의 해맑은 소년이다.

언제부터인가 1시간이면 다녀오던 앞산 국사봉 등산길이 그리신기하다. 길의 풀과 꽃 그리고 길게 목을 빼고 있는 나무들 하나하나에게 인사를 하고 오느라 4시간이 족히 걸린 적도 있다. 모두 길가정원의 작은 식물들의 연상 작용으로 생기는 일들이다.

경안떡집 대표
김장석

　농토가 없는 그의 집은 아버지의 품팔이로 근근이 끼니를 이어 갔다. 김장석 씨(1952년 해남 출생)는 한 끼라도 줄이는 것이 집안을 이롭게 하는 것이라는 마음으로 일찍이 고향 카센타에서 자동차 정비를 배우던 중에 1급 정비사 자격증을 취득하겠다는 각오로 겨우 차비를 마련해 19살에 서울로 상경했다. 신촌에 친구의 자취방에 머물게 된 김장석 씨는 친구가 다니는 떡집에서 아르바이트를 하며 급여를 모아 용산에 있는 6개월 수료 코스의 정비학원에 등록을 한다. 새벽에는 떡집에서 일을 하고 낮에는 학원을 다니기를 3개월, 하지만 새벽부터 일어나 떡집 일로 분주했던 그는 학원만 가면 졸리고 기술은 늘지 않자 자동차정비 1급 자격증 취득을 포기에 이른다.

　그리고 그동안 떡집 아르바이트에서 익힌 솜씨를 내세워 기술자로 새 직장을 들어가니 15,000원의 급여는 40,000원이 된다. 그렇지만 돈은 생각처럼 따라주지 않는다. 젊은 객기로 자리를 자주 옮겨 다녀 굶기도 많이 했으며 잠잘 곳을 마련 못해 고생도 많이 하였다는 그는 안성시 미양면에서 기술자 생활을 할 때 사촌 처형의 소개로 아내를 만나게 된다. 서로 딱한 처지라 결혼식은 뒤로 미루고 천주교 신자인 처가 의견에 따라 천주교 교리를 배우고 영세를 받은 뒤 관면혼배를 하고 살림을 차린다. 전 재산 60만 원과 일숫돈 60만 원으로 작은 떡집을 열었는데 정말 신나게 장사가 잘되어 기술자 두 명을 고용하게 된다. 2년 동안 영업을 하는 동안에 큰아이를 얻고 돈도 좀 모았지만 주위에 처가 식구들이 많이 살아서 창피하다는 아내는 다른 곳으로 옮겨갈 것을 주장했다. 아내의 강력한 요구로 떡집을 이전하게 되는데 지금 생각해도 참 아쉬운 결정이었다. 곧 안산으로 이사를 하였고 지하상가를 얻어 최선을 다했지만 18개월 만에 손을 털고 광주로 이사를 온다. 가게는 비록 실패했지만 떠나오는 아내의 품에는 귀한 딸이 선물로 안겨 있었다.

1986년 경안시장 뒷골목에 보증금 200만 원에 월세 15만 원짜리 가게를 얻어 늘 써왔던 풍년떡집이란 간판을 거니 같은 상호가 있다는 항의를 받는다. 당시에는 광주를 경안이라고 부르는 것이 일반적이었는데 다행히 '경안떡집'은 없어 그렇게 이름 지어 현재까지 30년을 이어오고 있다. 그즈음 호남향우회를 만들어보자는 의견들이 있어 잘 되어가는 가게를 처남에게 맡기고

10여 명이 힘을 모아 광주에 호남향우회 창립 깃발을 올린다. 그리고 다음 해에 지금의 청석공원 자리에서 창립행사를 열었는데 1,000여 명이 모여 대성황을 이루었다. 그 후 10여 년을 호남향우회와 연청(민주연합청년동지회) 활동, 김대중 대통령 후보 연설회가 열리는 여의도, 보라매공원, 성남 등 안 다닌 데가 없을 정도로 조직을 동원해 열성적으로 뛰었다. 또한 장학회를 만들어 회원들이 매월 1만 원의 회비를 출연해 3,000만 원을 모았고 후원금과 찬조금를 더해 광주 시내 초중고에 호남향우회 이름으로 장학금을 지급하기 시작했다. 지금은 초등학교와 중학교는 의무교육이 되어 고등학교에만 장학금을 지급하는데 광주시 호남향우회 읍면 각 지회마다 매년 3명에게 장학금을 전달하고 있다.

　떡집 건물주는 한 해도 안 거르고 보증금과 세를 올렸는데 계약 당시 보증금 200만 원에 월세 15만 원이던 것이 3년 만에 보증금 2,000만 원에 월세가 45만 원이 됐을 정도다. 낡고 건축대장도 없는 무허가 건물이라 25년을 사업자등록도 없이 제조업 허가도 못 내고 장사를 했다. 그런데도 다시 보증금과 월세를 인상하겠다고 해 이곳으로 5년 전에 옮겨왔다. 김장석 씨는 새벽 한두 시에 일어나 10시쯤 일을 끝내고 잠을 청한다. 그리고 오후 2시쯤에 일어나 다음날 일거리를 준비한다. 30여 가지의 떡을 만들고 있으며 아내는 여러 해 전부터 시장 노점에서 떡을 팔던 것이 계기가 되어 현재는 시장 내 좋은 자리에서 김장석 씨가 맛있게 만든 떡을 멋지게 팔고 있다. 예전처럼 떡집으로 큰 돈 만지는 세상이 다시 오기는 어렵겠지만 밥 먹고 사는 데는 아무 지장이 없으며 크게 쪼들리지 않으니 이만하면 됐다고 한다. 아직 집을 장만하지 못했지만 꼭 집을 사야겠다고 생각을 해 본 일도 없다는 그는 잠을 제때 못 자는 애로는 있지만 자영업이 주는 자유로움을 마음껏 누린다고 한다. 죽은 친구들도 많은데 이 나이에 무슨 욕심을 더 부리겠냐고 하면서 소주나 한잔 마시고 자게 어서 인터뷰를 마무리하자고 눈치를 준다.

맞는 게 행복했어요

기업인
김한주

귀가 번쩍 뜨였다.

맞는 게 행복했단다.

광주 초월에서 기업을 하는 김한주 아우와 한 차를 타고 여행을 가다가 들은 이야기.

어릴 적 18살 고등학교 때 격투기를 했다는 사내가.

얼마나 맞았길래 이골이 나서 '맞는 게 행복하다' 는 말을 저리 쉽게 할 수 있을까?

김한주 아우를 배워야겠다.
나는 요즘 맞고 산다.
눈탱이 밤탱이 되도록 무척 맞고 있다.
정신이 없을 정도로 맞아서 불쌍한 신동헌이다.

신동헌도 과연 맞아서 행복한 아우처럼
행복한 신동헌이 될 수 있을까?

우렁촌 대표

박기열

담백한 맛과 씹는 맛이 일품인 우렁. 우렁을 주메뉴로 성업 중인 퇴촌의 '우렁촌' 을 운영하는 이는 박기열 씨다. 그는 이곳 우렁촌의 가수로도 활동하고 있는 팔방미인 재주꾼이다. 원래 박기열 씨의 꿈은 다른 데 있었다. 24살에 고향 김제를 떠나 서울로 온 박기열 씨(1944년 생)는 재단사로 성공을 꿈꾸며 양복점에서 일을 시작한다. 부지런히 꿈을 키우던 그는 신촌에서의 재단 보조를 마지막으로 남의 집 생활을 끝내고 자신의 꿈을 펼칠 수 있는 무대를 마련한다. 그렇지만 세상일이라는 게 어디 마음먹은 대로 순탄하기만 하던가. 청운의 푸른 꿈을 안고 야심차게 '화원라사' 라는 양복점 간판을 성동구 화양리에 내걸었지만 채 5년도 안 돼 양복점 간판을 내리고 말았다. 형편이 어려워진 그는 비만 잠깐 내려도 길이 질퍽거려 장화를 신고 다녀야했던 오금동으로

185

이사를 한다. 오금동으로 와서도 여전히 양복점에 대한 미련을 버리지 못한 박기열 씨는 어렵게 다시 양복점을 열지만 열악한 동네에서 양복을 맞추는 사람들은 드물었다. 당시 오금동은 철거민들이 밀려나온 동네였다.

다시 실패를 맛본 박기열 씨는 양복점의 꿈을 온전히 접고 직장을 다니게 되었고, 아내 조인숙 씨는 오금동에서 작은 고깃집을 운영하게 된다. 고깃집 영업이 시원치 않자 아내는 강남면허시험장 근처 갯마을이라는 식당에서 성황을 이루던 우렁이 요리를 어깨너머로 배운다. 거기에 몇 가지 우렁이 메뉴를 더 개발해 장사를 하며 자신감을 얻을 즈음 식당 근처에 소재한 오금동 성당 여형구 주임 신부님의 걱정 어린 조언을 듣는다. 성당 식구들만 바라보고 하는 장사는 큰 희망이 없으니 주차장이 넓은 곳으로 옮기기를 권했고, 지인의 소개로 20년 전 퇴촌으로 오게 된다. 이곳에 와서 처음 자리 잡은 식당은 현재 위치와 이웃한 곳으로 '우렁촌'이라는 간판을 선보이니 드디어 '우렁촌' 역사가 시작된 것이다.

퇴촌에 와서 그의 인생은 장밋빛으로 피어나기 시작한다. 언제나 자신의 삶에 적극적이고 최선을 다하는 아내의 덕으로 아침마당에 출연을 하게 되면서부터다.

아침마당에 출연한 아내는 우렁 요리로, 박기열 씨는 멋진 노래로 시청자들을 사로잡는다. 노래를 좋아해서 노래 없이 못사는 박기열 씨는 '파도소리 들리는 쓸쓸한 바닷가에~~나홀로 외로이'로 시작하는 안다성의 '바닷가에서'를 멋드러지게 불러 큰 박수를 받으며 꼭 한 번만이라도 TV에서 노래하고 싶었던 원을 푼다. 방송을 마치고 업소에 도착하자 줄을 잇는 손님들은 우렁촌 역사를 쓰기 위한 시작이었다. 이후 연일 손님들로 붐볐고 퇴촌의 '우렁'은 지나는 길에 필히 들려야 하는 코스, 일부러 찾아가는 맛집으로 자리매김하였다. 2년 여를 허투루 쓰지 않고 새마을금고에 매일매일 일정 금액 저축을 하다 보니 신용이 쌓여 목돈을 대출받아 몫 좋은 곳에 땅을 사서 터전을 마련해 오늘에 이른다. 아침마당이라는 TV프로그램의 출연은 그에게 있어 일가를 일으켜 세우는 밑거름이 되었다.

그는 지금도 그때를 회상하며 식당에 온종일 아침마당 녹화방송을 틀어놓고 있다. 손님의 요청이 있거나 본인 스스로 흥이 나면 손님들에게 노래를 선물하는데 앙코르로 이어지면 네다섯 곡도 마다하지 않는다. 우렁촌 초창기부터 개발해 지금까지 팔고 있는 10,000원 ~ 20,000원 짜리 고추장과 된장은 우리 콩으로 쑨 메주를 강원도에서 직접 공급 받아 담근 것으로 여전히 우렁촌의 매출에 큰 도움을 주는 효자 메뉴다. 얼마 전에는 유명한 요리사 겸 사업가가 맛집을 찾아다니며 소개하는 프로그램에 나오기도 했다. 풍수지리를 잘 안다는 사람이 말하기를 "가게의 터가 암탉이 알을 낳는 형국으로, 오며가며 손님이 들 지세이니 잘 지켜 보존하기를 권장" 하더란다. 바쁜 중에도 퇴촌면 호남향우회 회장을 2번이나 지낸 박기열 사장은 추가 주문한 반찬과 서비스로 내는 동동주를 퍼 나르며 연신 싱글벙글이다. 곧 우렁촌에 박 사장의 노래 한 곡조 신나게 울려 퍼지겠다.

칠사산과 1만 번 결혼한
박돌산

나는 박돌산을 한참 생각하고 이해하려고 애를 써야 했다. 왜 오를까? 그는 광주에 있는 칠사산을 36년간 매일 새벽에 오른 기록 보유자다. 28살 청년 때부터 지금도 비가 오나 눈이 오나 올랐다는데 오르면 '기분이 좋다'라는 일반적 표현으로는 부족하다.

그는 칠사산과 운명적인 사람일까? 그의 이름을 '어거지'로 분석도 해 보았다. 메 산山 자는 칠사산의 산山 자와 동일하다. 문제는 돌 자다. 돌乭 자를 뜯어보면 돌 밑에 새가 눌린 형상이다. 한참 고심했다. 왜 새가 돌에 눌려 있을까?

오늘 안개비 속에 칠사산을 오르면서 다소나마 그 '돌' 자를 이해하게 되었다. 들리지 않던 산새소리가 들리는 게 아닌가. 산중 턱 까악~까악~ 까마귀 소리까지 들린다. 돌산 칠사산은 새도 사

189

람도 모두 함께 모여 사는, 너른고을 사람들이 즐겨 찾는 산이다.

무시로 새벽 정상에 오르면 틀림없이 그를 만나게 된다. 그의 운동시간은 5시 30분부터 7시 사이, 모자를 곧추 세우고 '쉬~쉬~' 소리를 내며 땀을 흘린다. 백마산과 더불어 광주 시민들이 가장 많이 오르는 칠사산을 스물여덟 살부터 오르기 시작해 지금도 진행형이다. 얼추 계산해도 1만 번 이상의 기록이다.

"20대 초반 젖소 2마리로 앵자목장을 운영했어요. 물값보다 유유가 비쌀 때인데 한 달에 집을 한 채씩 살 정도로 돈을 많이 벌 때인데 그때부터 술을 워낙 좋아했어요. 둘이 앉으면 소주 20병은 거뜬히 마시는 주량이지요. 늘 새벽까지 이어지는 술자리가 잦았는데 어김없이 새벽 4시면 일어나 비가 오나 눈이 오나

산에 올라요. 오르면 기분이 좋아지지요. 오히려 술이 깨고 피곤이 가시면서 정신이 맑아집니다."

그는 칠사산과 운명적인 사람일지도 모른다는 생각을 했다.

눈이 오면 눈이 오는 대로 자신의 발자국이 가장 먼저 찍히는 기분을 맛볼 수 있고, 가로등 불빛 사이로 떨어지는 직립의 비를 맛보는 재미가 있어서 비가 오면 비 오는 대로 또 좋다. 어김없이 오늘도 산에 올랐다는 상쾌함과 이 공간만의 맛도 있지만 그날그날 다른 모습으로 자신을 내보이는 자연의 신비로움, 환상적인 여명의 구름색, 경안천을 끼고 피어오르는 운해의 신비로움에 그는 황홀해 한다.

매일 산을 오르는 일만큼은 거르지 않는 그의 일과다. 그래서

그는 매일 경안시장 식자재마트 근처 집을 빠져나와 칠사산 정상의 기운을 받으며 1시간 30분 동안 운동을 한다. PT체조와 팔굽혀펴기, 턱걸이 등의 운동으로 땀을 빼고 7시에 맞춰 놓은 알람이 울리면 하산을 시작해 칠보사 근처에서 10여 분 마무리 운동을 하고 개운한 몸으로 집에 오면 정확하게 8시다. 그리고 식사 후 만선리에 있는 그의 직장 거평부동산으로 이동을 한다.

내 기억 속에 있는 그의 아내는 만선리 일대에서 상당한 미인으로 자자했다. 사촌 오빠인 유명 탤런트 박병*씨가 탤런트로 데뷔시키겠다고 했을 정도다. 그런 아내도 한때는 매일 산에 오르는 남편을 이해하지 못했다. "무엇이 그리 좋아 하루도 쉬지 않고 산을 가느냐?" 산에 어떤 여인이라도 만나는지 의심해서 바짓가랑이를 잡고 놓아주지 않던 시절도 있었다. 칠보사 363.7m의 산행은 내일도 이어진다.

짙은 향기를 품은 가을 국화꽃으로 피어날
제2의 삶을 위해 살다

꽃 농사꾼

박홍식

"뱃속 참 편합니다. 뭐라고 하는 사람도 없고 산책하듯 즐기며 일을 하니 왜 좋지 않겠습니까?"

초월읍 서하리가 고향인 박홍식 씨는(56년생) 공무원 생활 35년 만에 희망 퇴직한 화훼농부다. 퇴직 당시 앞이 캄캄하던 시간은 국화 화분처럼 진진초록 세상으로 고개를 들어 올리고 짙은 향기를 품은 가을 국화꽃으로 피어날 제2의 삶을 위해 매순간 새로운 묘미를 맛보며 산다.

'그래 난 사회 초년병이야. 천둥벌거숭이 애송이야' 하는 마음으로 모든 과정을 긍정적으로 임하니 예상치 못했던 일조차도 너그럽게 웃을 수 있다.

포천군청에서 시작한 공직 생활은 광주와 성남 그리고 이천을 거쳐 다시 고향인 광주시청을 마지막으로 마무리했다. 쫓겨난다

는 기분으로 공직을 떠났으나 평소 '꽃을 키우며 살고 싶다' 라
고 늘 마음에 담았던 길을 갈 수 있어 오히려 정년보다 앞당긴 5
년이란 시간이 다행이라는 말을 들려준다.

박홍식 씨가 가꾸는 꽃은 주로 임파챈스, 산파챈스 그리고 자
주천인국으로도 불리는, 미국이 원산지인 에키네시아 등이다.
그의 정성을 가득 머금고 탐스러운 국화가 꽃 피울 날을 기다
린다.

'나의 사랑은 당신 사랑보다 깊어요' 라는 꽃말을 간직한 임파
챈스는 웬만한 악조건에도 봄부터 가을까지 꿋꿋하게 꽃을 피우
는데, 박홍식 씨가 바로 임파챈스를 닮은 사람이라는 생각이 들
었다. 그는 천상 꽃 농사꾼이었다.

국화과인 에키네시아는 여름부터 가을까지 꽃대를 밀어 올리
는데 우리나라 어디서든 자생이 가능한 것을 보면 사람마다 알

게 모르게 자신을 닮거나 자신의 정서와 어울리는 품종을 만날 수밖에 없다는 것을 또한 배우는 시간이었다.

부직포가 정갈하게 깔린 노지밭에는 30cm 높이의 소복한 국화 화분 4천여 개가 소근소근 잠에서 깬 가을볕을 불러 모으고 있다. 지나던 바람도 신기한 듯 귀를 후비며 겸연쩍은 얼굴로 정갈하게 나열된 화분에 맞춰 길게 줄을 선다.

예전에 KBS '세계는 지금'에서 이스라엘 네타팜 회사를 취재해 소개한 적이 있는데, 박홍식 씨의 농장 역시 모든 시설이 네타팜 식으로 적정량의 물과 양분이 적정 시간에 똑똑똑 한 방울씩 24시간 떨어지면서 식물을 키우는 양액재배 방식이다.

"용돈이나 버는 거지요. 이제 무슨 욕심을 더 부리겠습니까?" 라고 말하는 박홍식 씨는 곧 피어날 국화꽃 향기에 이미 취한 듯 연신 코를 벌름거리며 웃는다.

노래를 통한 감성과 울림이 있는
스피치 강의는 호흡의 조화다

소리향기 원장

손미혜

'여린 사랑', '사랑해요', 'Forever'를 작사하였으며 정규 앨범 '숨은 행복찾기'를 발매한 손미혜 원장(가수 76년생)은 '소리향기'라는 뮤직아카데미와 보컬트레이닝 연구소를 운영하고 있다. 그녀는 보컬트레이너보다 보컬디자이너로 불리기를 원한다. 보컬트레이너는 노래하는 기술을 중점적으로 가르치지만 보컬디자이너는 사람을 꾸미고 행복을 가꾼다고 생각하기 때문이다. 유머와 웃음치료를 전공한 그녀는 강사로도 활동 중인데 자신이 개발한 노래와 웃음과 행복이 함께하는 그녀의 강의는 언제나 공연 같은 재미와 감동을 더한다. 여러 언론과 방송을 통해 잘 알려진 그녀는 다른 강사들이 꺼려하는 검찰청, 행정연수원 같은 공공기관이나 현대자동차, 한화 같은 기업이 더 강의하기가 편하며 재미있다고 한다.

손미혜 소리향기
Vocal Training

　'소리향기'에는 다양한 사람들이 찾아온다. 본인이 음치라고
생각해 노래를 한 번도 불러보지 못한 사람이나 노래 부를 기회
는 많지만 그로 인해 스트레스를 받는 사람, 곡을 받아 앨범을
준비하는 사람, 노래를 전공하려는 학생들, 노래 강사 등이다.
음치도 치료가 되느냐 물으니, 아플 때 병원에 가서 본격적인 치
료에 앞서 의사선생님에게 진찰만 받고 상담만 해도 아픈 것이
나아지는 기분이 들듯, 음치도 치료가 된다는 개념을 넘어 심리
적으로나 노래하는 방법에 있어 조율이 된다는 것이다. 긴장하
고 화면에 집중해 틀리지 않고 잘하려는 데서 오히려 더 음치가
되기도 한단다. 사람 몸이 악기라고 하는데 반주를 들으며 사람

들과 소통하고 호흡하다 보면 자기만의 색깔이 드러나는 노래를 할 수 있으며, 노래를 즐기고 다른 사람들과 함께 나눌 수 있다면 그것이 바로 노래를 잘하는 것이라고 정의를 한다.

　음치 치료가 불가능하리라 생각했던 사람이 긍정과 능동적으로 바뀌면서 즐거움을 찾는 것을 보았을 때 무한한 보람을 느끼게 된다는 그녀, 2002년 연구소를 시작할 당시에는 가요제에 출연하는 사람들이 자주 왔다고 한다. 그들이 가요제에서 상을 받으며 또 새로운 회원을 소개하는 방식으로 운영이 되었으나 지금은 운동하듯 꾸준히 오는 사람들이 주를 이루고 있다.노래를 통한 감성과 울림이 있는 스피치 강의는 호흡의 조화다. 들숨 날

숨 정리숨의 조화인 것이다. 그 조화에서 나온 소리가 향기로 퍼져나가 다른 사람의 영혼에 은은히 밴다고 상상해보라. 세상에 이보다 더 멋진 소통 방식이 있을까?

벌원초등학교 2학년인 딸 김유라와 5학년인 아들 김유신의 엄마인 손미혜 원장은, 엄마가 즐거운 삶을 살면 아이들은 당연히 잘 자란다는 신념으로 아이와 엄마가 함께 성장할 수 있는 환경을 만들기 위해 학부모회장을 맡게 되었다. 그녀가 내건 슬로건은 '함성소리'(함께 성장하는 소중한 우리)이다.

자신의 세계를 형성해 가는 모습이 어른들 시선에는 말썽으로 비춰지는 초등학교 1~2학년의 엄마들, 더군다나 일하는 엄마들은 큰 고민을 하게 되는데, 아이들을 인격체로 대하면 웬만한 말썽은 거슬리지도 않는다고 한다. 더 나아가 아이들을 마을공동체처럼 모두를 돌볼 수 있는 울타리를 만들어 가고자 하는 것이 학부모 회장으로서의 바램이다. 처음부터 서로의 의견을 존중하며 소통하는 학부모회를 만들어 보자고 하였는데 느낌으로 서로가 통하다 보니 이젠 모임엔 전원이 참석할 정도입니다.

이렇듯 왕성한 활동을 하는 그녀도 우울증을 앓은 적이 있다. 아이가 생기면서 좋은 엄마가 되기 위해 활동을 접고 주부로만 생활했던 손 원장에게 우울증이 찾아오고 폭식으로 살이 찌기 시작했던 것이다. '아이들을 잘 키우려면 내 에너지가 충만해야겠구나'라는 생각으로 다시 활동에 나섰으며 곧 그녀의 끼는 살아났다. 대학 시절 만나 친구처럼 지내다 부부가 되었다는 남편은 공연기획자로서 국제적 행사나 청와대 행사도 기획하는 등 큰 행사를 주로 맡아하기에 늘 바빠서 집을 자주 못 온다며, 그런 남편을 집 나간 김광식 씨라고 칭하며 애틋한 마음을 내어보인다.

그녀와 광주의 인연은 김경란 시인이 단장으로 있는 광주아카데미예술단에 소속된 딸의 뮤지컬을 보러가면서 시작되었다. 시민 뮤지컬단원이 된 그녀는 지난 8월 13일 남한산성아트홀에서 위안부 헌정 뮤지컬 '꽃나비'를, 8월 30일에는 광주역에서 '맘마미아'를 공연했다.

광주아카데미예술단 산하의 청소년 뮤지컬 '꿈꾸는 짱돌' 단원들이 매주 소리향기에 와서 레슨을 받고 있으며 성인 원생들과 어울려 행복해 하는 모습에 정말 기쁘다는 손미혜 원장, '꿈꾸는 짱돌'의 연습을 보러 각지에서 견학을 온다고 한다. 그가 입장한 수업실에선 들숨 날숨 정리숨의 열기가 드높다.

자신의 인생을 아름다운 색으로 채워가는 남자

신 철

10월의 마지막 날, 신철이 생각난다.

2017년 10월 31일. 너른 고을 광주의 수은주가 바짝 움추러 들었다. 가을이 깊어지는 시월의 마지막 날이다. 이날이면 이용의 '잊혀진 계절'이 생각나기도 하지만 나는 너른 고을 가수 신철이 생각났다.

본명은 신홍철. 서울서 어린 시절을 보내고 1983년에 광주로 이사 와서 텃골에 뿌리를 내렸다. 벌써 35년 세월이다. 결혼해서 아들딸 잘 키워서 결혼까지 다 시켰다.

2017년 9월 1일을 기억한다. 청석공원에서 광주예술제가 열렸던 날. 그때 그곳에서 가수 신철을 처음 느꼈다. 광주 텃골에 사는 광주의 가수란다.

빠알간 반짝이 무대 옷에 그의 하얀 얼굴이 잘 어울리던 무대

였다. 그가 무대에 올라오자 너른 고을 광주사람들은 잘 아는 듯 큰 박수로 그를 맞았다. '섬강 아가씨'는 그의 데뷔곡이다. 앙코르까지 터져 나왔다.

신철이가 비록 대한민국에서는 무명가수로 분류되지만 전국을 다니면서 노래로 봉사하는 모습이 자랑스럽다. 광주도 곧 40만 도시가 된다. 별별 사람들이 모여 산다. 어제 독거노인 도시락 배달을 갔다가 85살 할머니의 기구한 삶도 보았다. 모두 구석구석 챙겨야 할 분들이다. 오늘 새벽 문득 신철이 생각난 이유이기도 하다. 시월의 마지막 날. 오늘 신철이를 챙겨라.

"지난 일요일은 대구 동성로에서 열린 독도사랑 음악회에 다녀왔어요. 이번 주 토요일은 금산 인삼축제로 해서 부산 광안리 야외무대에 섭니다. 단양 산사음악회도 예약이 되어 있고요. 문막 옥수수축제, 광주예술제 등도 제겐 의미를 더하는 무대였지요."

가수 신철 씨(본명 신홍철 57년생)를 만나고 보니 화면 보다는 실물이 더 준수하고 친근하다. 8남매 중 여섯째인 신철 씨만 6·25 때 피난 간 부산에서 태어나 서울에서 백일잔치를 했으며 서울 토박이처럼 살다가 83년 광주로 내려와 할머니의 외가가 있는 광남동 안골에서 3대째 살고 있다.

서른 살에 결혼을 하면서부터 부모님을 모시고 있으며 슬하에 1남 1녀가 일찍 짝을 찾아 제 길을 가는 것을 한없이 고마워한다. 이런저런 직장생활을 하다 학원차 운전을 시작한 지 25년째로 현재는 시내 보습학원 차량을 17년째 운행하고 있다. 학원차 운전으론 광주에서 최고참이라는 신철 씨는 광주테니스협회 사무장 일을 보며 취미생활을 즐기던 중에 팔꿈치에 심한 통증으로 더는 테니스를 칠 수 없게 된다. 미래를 활기차게 만들어줄 수 있는 것이 무엇일까 고민하게 되었고 곧잘 한다는 소리를 듣던 트로트에 마음을 쏟는다. 꾸준한 독학으로 연습을 하며 요양원 등 어르신들이 계시는 곳에 봉사를 다니던 어느 날, 신철 씨의 노래를 듣던 작사가에게 '섬강 아가씨' 곡을 받아 데뷔하였다.

부천, 수원, 인천에서 열리는 행사에는 붙박이로 매월 참가를 하는데 재능기부이기에 따뜻한 마음으로 더욱 열심을 낸다. 이제는 불러주는 곳이 늘어나 안양과 서울의 행사에도 서고 있으며 한 번 섰던 무대에서 다시 불러 주어 보람을 느낀다. 나훈아의 노래를 자주 부르며 음색이 고와 여자가수의 곡도 부르기도 한다.

2016년 9월부터는 대한가수협회 광주지부에 가입을 하면서부터 활동을 시작했다. 신철 씨의 노래를 들어본 이들은 "트로트에 딱 맞는 목소리다, 꺾기가 일품이다." 하며 칭찬을 해 주지만 아직도 본인 목소리가 생소하고 낯설다는 신철 씨.

가수의 길을 나선 남편을 믿고 묵묵히 밀어주는 아내 최정자 씨(경북 영양) 또한 부녀회장으로 동네일을 하면서 광주시의 빨간 밥차 봉사활동을 하고 있다. 적극적으로 봉사활동을 나서는 아내가 있어 더욱 어깨가 펴진다는 신철 씨다.

인터뷰 중에 수시로 울리는 전화벨 소리는 그의 타이틀곡 '섬강 아가씨' 다. 걸려오는 전화가 모두 노래를 청하는 벨소리였으면 하는 바람을 가져본다. 학원 차 운행을 나가야할 시간이라는 아내의 전화를 받고 서둘러 길을 나서는 그의 모습에서 자신의 인생을 아름다운 색으로 채워가는 한 남자의 진솔한 삶을 읽는다.

물질은 조금 부족할지라도 사랑과 믿음을
한아름 품고 사는 광주 제일의 마음 부자

고용노동연수원 구내식당
안숙근

"그동안 쌓은 경력으로 함바집이라도 하나 하는 것이 제 목표에요. 열심히 일해서 돈도 좀 벌고 보람도 느끼고요. 이후에는 고생하는 남편을 위로하며 요즘 유행하는 캠핑카를 집 삼아 이곳저곳 발길 닿는 대로 자유로운 삶을 살고 싶어요."

안숙근 씨의 꿈이며 소망이다.

오포읍 문형리에 위치한 고용노동연수원 식당에서 일하는 안숙근 씨는 지극히 평범한 삶을 살아왔지만 그녀가 누리는 행복은 결코 작거나 가볍지 않다. 첫 직장인 양벌리 상일가구에서 역시 첫 직장생활을 하던 남편을 만났다. 가난한 연인은 차차 벌어서 결혼식을 올리기로 하고 살림을 차렸다. 허리띠를 졸라매며 방 하나 얻을 1,500만 원을 모았으나 때맞춰 시동생의 금전사고 소식을 듣는다. 징역을 간다는 말에 그 돈으로 해결했다. 그런데

시동생이 필요한 액수가 공교롭게도 1,500만 원이었다고 한다. 무일푼이 된 부부는 경안중학교 맞은 편, 허름한 집 텃밭에 묘목으로 심은 나무를 지켜주는 조건으로 보증금 없이 들어가 살게 되었는데, 아이들이 자라며 위험한 찻길로 자주 나가는 일이 되풀이 되어 4년쯤 살다 오포 문형리 찬바대로 1,000만 원짜리 전세를 얻어 이사를 한다.

이사는 이어지지만 그때마다 조금씩 나아지는 생활에 감사한 마음이었다는 안숙근 씨. 찬바대에서 오포초등학교 앞으로의 이사를 거쳐 현재는 빌라를 보유한 집주인이 되었다. 1남 1녀를 두었는데 큰아이가 초등학교 6학년이 될 때까지 그녀는 직장생활을 하지 않았다. 아이들을 외롭지 않게 키우자는 남편의 뜻과 생각이 같았기 때문이다. 그렇다고 집에서 마냥 놀고만 있을 수 없었던 안숙근 씨는 아이들이 학교를 가면 틈틈이 아르바이트를 했으며 집에서도 쉬지 않고 부업을 했다.

그녀가 오랫동안 했던 부업은 주부들이 조립한 물건을 검사하는 일이었다. 세로 살던 집에 비닐을 덧대어 만든 공간이 그녀의 일터였다. 바람만 가린 공간이었지만 겨울에도 작은 난롯불이면 흡족했다. 완제품 검사는 조립보다 기술을 필요로 해 단가가 더 좋았기에 생활하는데 적지 않은 도움이 됐다. 조립을 할 때 맺은 인맥의 도움이 컸다.

아이들이 어느 정도 크고 나서 직장을 다니면 어떻겠느냐고 남편에게 의논했으나 아이들을 잘 키워보자는 대답이 돌아왔다. 남편의 뜻을 존중하던 그녀는 아이들이 사춘기를 잘 넘자 지금의 직장인 고용노동연수원 식당에 들어왔다. 8년이라는 시간을 흔들리지 않고 한 곳에서 일하는 성실함에서 그녀의 진가를 본다.

그녀가 직장을 이곳으로 선택한 이유가 있다. 배움에 대한 갈증을 풀기 위해 공부를 하고 싶었던 그녀에게 새벽 일찍 출근하지만 오후 3시면 일이 끝나는 지금의 직장은 안성맞춤이었다. 새벽부터 일하느라 고되긴 해도 퇴근 후에는 집에서 컴퓨터를 켜고 공부를 했으며 한국방송통신고등학교를 졸업한다.

평범하지만 매순간 최선을 다해 살아온 그녀에게 아이들은 최고의 선물이었다. 고등학교 대신 검정고시를 보겠다며 엄마를 불안하게 했던 딸은 1년도 안 돼 검정고시에 합격하여 3년을 건너뛴 21세의 나이에 이미 대학을 졸업하였다. 아들은 5학기 중 3학기를 전액 장학금을 받았으며, 딸도 전액 장학금으로 대학을 다녔고 졸업 후 곧바로 대기업에 입사를 하였다.

비록 풍족하지는 않았지만 서로를 아껴주는 가족들이 있었기에 마음 넉넉하던 안숙근 씨에게도 슬픈 사연이 있다. 술을 좋아해 간경변으로 돌아가신 친정아버지에 이어 40대 초반의 나이에 하나뿐인 남동생까지 간경변으로 세상을 떠났다.

어린 조카들이 오는 날이면 집 앞 개울의 자갈까지 닦아놓았다는 다정하던 남동생의 죽음을 듣고 그녀는 '애가 끊어진다'는 말을 절절하게 실감했다고 한다. 그녀보다 머리카락이 까만 정정한 친정어머니는 여동생과 함께 퇴촌에 살고 계신다.

집집마다 들여다보면 아픈 사정들이 있지만 사람이 살아가면서 누리는 것들 중 가장 기본이 되는 행복은 바로 가족 간의 사랑이다. 비록 눈에 보이는 물질의 풍요함은 조금 부족할지라도 눈에 보이지 않는 사랑과 믿음을 한아름 품고 사는 안숙근 씨가 광주의 제일 부자 아닐까 생각해본다.

바다의 안부를 걱정하며 저녁을 줍는 낚시의 명인

월척 낚시 대표

유만식

유만식. 이 사람을 만나보라. 낚싯대만 있으면 무엇이든지 건져낼 수 있는 사람. 실오라기 같은 지렁이도 낚시에 꿸 수 있는 사람. 낚시로만 자연산 메기를 하루에 1톤씩 잡을 수 있는 사람. 자라 뱃속까지 훤히 들여다 볼 수 있는 초능력자.

유만식 씨다. 젊어서는 아버지를 따라 용접사 일을 하기도했지만 지금은 완전 바다낚시에 미쳤다. 취미로 시작한 낚시가 지금은 직업이 되고 낚시방송을 통해 그 명성을 완전히 굳혔다.

일 년 열두 달 바다로 간다. 대구 가자미 쭈꾸미 갑오징어 안 잡는 거 없이 건져 내는데, 오늘 출조는 통영 앞바다. 갈치 잡으러 오늘 새벽 5시 광주를 떠났다.

"군부대에서 내림낚시 강의를 했어요. 자라는 자신보다 더 느린 것을 잡아먹는데 그럼 그 느린 먹잇감이란 과연 어떤 것이 있

을까요 하고 질문을 하면 고등어요, 닭간이요. 들은 얘기들은 있
어서 우후죽순 대답을 하지만 그런 것이 민물에 있을 턱이 있나
요. 혹시 물고기 배를 따본 적이 있나요? 위 속에 있는 그것이 바
로 미끼가 되는 거예요. 자라의 배를 가르고 위를 열어보면 딱쟁
이만 나와요. 그게 자라의 먹이인데 그렇다면 딱쟁이가 무엇일
까? 때론 작은 물고기나 올챙이, 수서곤충도 사냥의 대상이 되겠
지만 자라는 저보다 턱없이 느린 다슬기나 달팽이를 먹고 살지
요. 자라의 위에서 나온 딱쟁이란 다슬기의 빨판이에요. 톱 이빨
인 자라는 기어다니는 다슬기의 머리를 떼어 먹는데 소화가 안
되는 빨판만 위에 남은 거지요. 물고기가 좋아하는 먹이를 알면

낚시는 이미 반은 성공한 거예요. 다슬기 살만 빼서 낚시바늘에 끼워 자라가 서식하는 곳에 넣으면 냄새가 얼마나 진동하겠어요. 자라가 입질을 할 수 밖에 없어요. 낚시란 그렇게 하나하나 터득 하는 거예요. 뱀장어나 메기 먹이는 또 달라요. 미끼가 떨어져서 신고 있는 구두 가죽을 잘라서 메기를 잡기도 했어요. 난 멘토나 스승도 없어요. 내 자신이 스승이지요.”

고수의 설명은 한치의 막힘없이 일사천리로 내달린다. 군산이 고향인 유만식 씨(54년생)는 원래 용접기술자였으나 31년 전 중대동 물빛공원 근처 노방에 낚시가게를 열어 오늘에 이른다.

“TV민물낚시 강의도 꽤 했지요. 낚싯바늘을 만들어서 미끼 끼우는 법. 낚시로 미꾸리 잡는 법 등의 방송이 인기를 좀 모았었지요. 미꾸리 잡는데 몇 호 바늘을 쓰는지 아시나요? 1호 바늘을 써요. 시력 나쁜 사람은 보이지도 않는, 시궁창에서 잡은 빨간 실지렁이를 어떻게 끼우는지 신기하다고 사람들이 물어봐요. 손으로 끼워요. 그게 기술이고 실력인 것이지요. TV낚시방송을 하면서 유명세를 타다 보니 연일 전화에 시달려 일이 안 되는 거예요. 성금을 내라, 찬조 좀 해라 등 상품에 대한 전화도 불티나게 오는데 가격만 물어보고 찾아오는 사람은 없어요. 걸려오는 전화에 일일이 상담을 해주다보니 정작 일을 할 수가 없는 겁니다. 그래서 방송을 그만뒀어요.

자라, 메기, 빠가사리, 붕어, 잉어, 가물치 민물낚시는 신물 날 정도로 했어요. 현재 시중에 판매되는 메기는 대부분 양식인데 1kg에 18,000원 해요. 5~6만 원하던 시절에 하루 1톤을 잡기도 했어요. 대낚이나 주낚도 있지만 도래를 만들어 큰 보에 낚시 바늘을 뺑 둘러 쳐놓고 이틀이면 그 보의 메기를 다 잡아낼 정도였으니까요. 어느 제약회사에서 신약을 만드는데 메기 표면의 끈적이는 추출물이 필요하다고 내가 잡은 메기를 다 가져가기도 했어요. 대량의 메기가 필요하던 제약회사는 그때부터 메기를 양식해 추출물을 얻고 시중에 대량으로 방출하는 바람에 자연산 메기낚시는 그만두게 되었지요. 벌써 20년 전 일이네요."

명인 소리를 듣는 그는 꽤 오래전부터 바다낚시에 집중을 한다. 출조 버스와 배도 소유하고 있다. 연중으로 일주일에 평균 3

번은 출조를 한다. 봄이면 대구, 열기, 가자미, 4월부터는 갈치를 위주로 주꾸미, 갑오징어 민물 산란기에는 붕어낚시를 나가기도 한다. 올해는 갈치가 일찍 들어 5월부터 12월까지 일정이 빼곡하다. 주로 서해로 출조를 나가지만 좋은 소식이 오면 남해 쪽도 가끔 나간다. 그런데 올해는 동해에서도 갈치가 잡힌단다. 낚시 고수인 유만식 씨가 생각해도 별일이란다. 남해에 서식하는 병어가 서해에서도 잡히니 기가 찰 일이란다.

구월도 하순으로 접어든 노을도 희미해진 시간, 속살이 비치는 얇은 민소매 티를 입고 바다의 안부를 걱정하며 저녁을 줍는 그의 몸에선 청년의 기운이 흘러 넘쳤다.

오늘도 바쁜 시간을 쪼개 지역 행사에 밝은 웃음 지으며
발걸음을 재촉하는 슈퍼우먼

UNI 어학원 원장
윤경아

오전은 개인 일이다. 오후 8시까지는 학원 일. 그리고 10시까지는 밥 청소 등 가정을 챙기고 새벽 2시에나 잠이 드는 유별난 여성일 수도 있다. 큰 애의 경우 체육 빼고는 안 시킨 게 없다. 영어 수학 미술 음악 등등. 사회구성원이 되기 위해서는 나름 수준을 만들어 놔야하는데, 시켜보니 맞고, 부모의 능력에 따라서 아이들의 그릇 크기가 만들어진다는 믿음이 있다. 위로가 된다면 큰 아이가 광남중에 잘 다니고 있고 앞으로 커서 하고 싶은 일을 잘 할 거라는 믿음이 있다.

지금도 세 아이의 사교육비가 말이 아니다. 지출의 큰 부분을 차지한다. 5살 막둥이의 경우만 해도 유치원비 30만 원에 학습지 20만 원으로 50만 원이 들어간다. 세 아이 토탈 200만 원 정도. 큰 부담이지만 아이들 사교육이 불가피하고 성남 분당 1인당 사

교육비 200만 원과 비교하면 '새 발의 피'일 수도 있다는 위로를
받는다.

　서울에 살던 그녀가 광주에 내려와 광주에 둥지를 튼 것은
2004년이다. 2002년 결혼하고 수지에 살다가 첫 아이가 돌 때 광
주사람이 되었다. 수지가 난개발되면서 교통이 밀려서 더 이상
분당 출근이 어렵고 상대적으로 광주의 집값이 무척 싸고 공기
가 좋아 아이들 정서교육에 좋을 듯해서 왔다.

　윤경아 씨는 40을 갓 넘긴 전형적인 신세대 슈퍼우먼이다. 세
아이의 엄마로 중학교 2학년, 초등학교 4학년 그리고 5살의 유치
원생을 돌보며 간절한 삶을 일구어 간다. UNI교육연구소를 태전

동에 열어 학생들을 가르치면서 더불어 남편의 뒷바라지에도 성심을 다하는 일인다역을 맡고 있다. 그녀는 2016년 도평초등학교 학부모 회장에 이어 올해는 같은 학교 운영위원장으로 소임을 다하고 있다. 그녀는 학부모 회장이나 학교운영위원장에 최선을 다할 수밖에 없었던 까닭은 다소 자아발전적인 측면도 있겠지만 무엇보다 자식을 위하는 간절함의 발로가 솔직한 마음이라고 고백한다. 종종 몸은 파김치가 되고 생활은 시간에 쫓기지만 세태의 흐름을 알면서 외면할 수는 없어 아이들을 챙길 수밖에 없다고 한다.

대부분 어린 학생을 둔 부모들이 광주로 이사를 올 수 밖에 없었던 이유를 대부분 집값 때문이었다고 토로하며 광주의 인구가 기하급수적으로 늘어나는 것은 그만큼 경제적으로 어려워져 떠밀려 들어오는 가정들이 늘어난다는 증거라고 한다. 아이들을 위해서는 최소 성남이나 분당에 거주하는 것이 마땅하겠지만 여력이 되면 떠날 마음으로 시간을 버는 부모들이 많다.

하물며 자녀들의 형성된 친구문제로 고민이 깊지만 교육적인 측면을 고려하면 돌아가야 한다는 마음은 변함이 없다. 그러면서도 한편으론 광주를 떠나 도시로 나가면 아이들의 미래가 과연 행복할까 하는 생각도 한다는 그녀는 학력진단평가를 해보면 분당과 비교해 너무 차이가 나는 것을 못내 안타까워한다.

광주에 ○○여고가 좋다고 하지만 호불호가 분명하다. 자녀들을 관내 학교에 보낼 맘은 내키지 않는다고 하면서도….

"많이 배웠다고 잘되는 것도 아니고 나보다 못한 사람들도 더 행복하게 사는 것을 보면 한없이 높고 나은 것을 올려다봐 행복을 잃고 있는 것은 아닌가 반성을 하게 된다." 는 그녀는 오늘도 바쁜 시간을 쪼개 지역 행사에 밝은 웃음 지으며 발걸음을 재촉하고 있다.

나의 어머니를 연상시켜 주었던 할머니

금호아파트 주민
이순례

천성적으로 사람 만나기를 좋아하다보니 요즘 참 많은 광주 사람을 만난다.

어제도 그랬다. 20대 젊은이로부터 90대 어르신까지 두루두루 만난다. 그런 중에 만난 분, 오포 금호아파트에 사신다는 이순례(90세) 할머니와 친구들. 나는 그 할머니를 엄마라고 부르면서 한참 수다를 풀어냈다. 그런데 웬일인가? 나와 사진을 찍고 싶으시단다. 번쩍 횡재를 했다.

얼굴이 하얗고 매끄러워 보여 곱돌이 연상되는 분

잠시나마 93세에 돌아가신 나의 어머니를 연상시켜 주었던 분. 난 그 엄마와 친구들이랑 연인처럼 기념촬영을 했다.

"오래오래 또 만나요!"

헤어지며 그분이 내게 하신 말씀이다.

누에처럼 온몸을 곧추세워 결국엔 하얀 집을 짓고
잠을 자고 싶던 '누에의 방' 시인

성남민예총 문학분과 위원장
이혜민

등골나물꽃 만개하고 야생 복분자 나무가 널브러지고 개암이 주렁주렁 열매를 매단 열미리 풍경에 이끌려 터를 마련하고 집을 지어 19년 전에 광주 사람이 된 이혜민 씨(여주 점동),

1000여 명의 회원 중에 300여 명이 문학분과인 성남민예총에서 문학분과위원장으로 활동을 하며 징, 꽹과리, 장구와 북을 통달하여 서현풍물패 상쇠로 그 역할을 다하고 있다.

열미리 집에 누우신 85세 시어머니의 대소변을 받아내고 짬을 내 성남 상대원 병원에 계신 95세의 친정어머니의 병간으로 24시간이 부족한 그녀는 청미천을 따라 멀리 떠나고 싶은 꿈을 꾸며 학창시절을 보냈다.

그 아득히 먼 곳에는 귀향을 지우는 만능지우개가 존재할 것이라 믿었다. 졸업 후 성남에 온 그녀는 세무사 사무실에서 근무를 하게 되었고 주거래처인 인형공장 외주 담당 임 대리를 만나게 된다. 사귐이 이어질수록 그녀의 외로움은 깊어만 갔고 "따뜻한 이불 하나만 덮게 해주면 된다"는 말로 먼저 프로포즈를 하고 말았다. 할머니와 둘이 살고 있는 임대리를 따라가 보니 뭇 처자들과는 다르게 그 집 사람이 될 느낌을 받으셨는지 할머니는 기꺼이 곁을 내어주셨다. 그녀는 가난한 집안의 시조부모님과 시부모님, 다섯 명의 시동생, 장손인 남편의 다양한 여성 편력마저도 걱정이 되지 않았다. 오직 따뜻한 이불 한 채 그녀의 몫이면 충분했다.

중국이 개방되면서 국내 인형사업은 사양길로 접어들었고 남편이 다니던 회사는 부도가 났다. 회사는 밀린 월급 대신 공장 집기를 안겨줬고 뾰족한 수가 없던 부부는 자그마한 셋집에 인형공장을 냈다. 그녀는 끼니를 걱정하는 판에 남편은 신제품을 개발한다고 디자이너를 고용한다. 그리고 배낭과 가방에 부착하고 다닐 수 있는 삐에르라는 작은 인형을 탄생시킨다. 무역회사와 계약을 체결하고 수출에 나섰는데 요샛말로 대박이 터진 것이다. 삐엘상사라고 이름 지은 회사는 하루가 다르게 커져 내근 직원만 스무 명이 넘었고 차가 4대나 되었을 정도로 호황을 누렸다. 성남시에서 개인사업자 납세 5위 안에 들어 시장상도 받았다. 남편은 뵈는 것이 없어졌고 머리가 뒤로 제껴질 정도로 거드름을 피웠다.

그러나 세상에 영원한 것은 없듯 삐엘상사도 기운을 다하고 있었다. 그럼에도 미련을 버리지 못하고 단대동에 땅을 매입해 연건평 300평짜리 5층 건물을 지어 사업을 이어가지만 거기까지였다. 긴 세월 억척으로 살아오다 잠시 휴식을 얻었다고 생각하고 있는데 남편은 그녀 모르게 건물을 팔아 제부도에 땅투기를 한다. 제부도에 일던 바람이 큰 태풍이어서 제부도 가는 길목인 사강에도 붐이 일었는데, 남편은 대출을 받아 사강에 땅을 매입해 8칸의 상가를 지었다. 상가는 준공검사도 나기 전에 세가 나갔으며 대출도 갚았다.

그러나 제부도가 전면 개방이 되고 상권이 그쪽으로 쏠리게 되니, 세입자들은 떠나겠다고 아우성이고 가게를 보러오는 사람은 없어 사금융을 대출받아 보증금을 내어줄 지경에 이르렀다. 매월 300만 원의 이자가 나갔는데 충격으로 남편은 폐인이 되어갔다. 이혜민 씨는 남편에게 일말의 잔소리도 하지 않고 기다려주었다. 1년여 만에 자신을 비우고 내려놓은 남편은 새로운 사람으로 돌아왔다.

제부도 땅이 팔려 빛을 정리하고 온 식구가 식당지하에서 생활을 하며 영업을 하게 된다. IMF 중심에 서 있던 때에 남들은 하던 식당도 정리하는 마당에, 메인 골목도 아닌 곳에서 삼겹살집을 한다고 간판을 거니 별 미친놈을 다 본다고 수군댔지만 식당은 그런대로 문전성시였다.

불현듯 비 오는 길거리에 버려진 경원대 사회교육원 시창작반 수강생을 모집한다는 광고지를 보고 수필이라도 배우겠다는 마음으로 등록을 했다. 소쩍새 우는 열미리의 밤을 건져 올린 시를 합평을 하는데, 지도교수에게 유아적인 발상이라고 핀잔을 들어 주눅 들게 한 시를, 지도교수의 해외연수로 잠시 수업을 맡은 시인에게 기발한 발상이라는 칭찬을 듣고는 자신을 얻게 되었다.

그녀는 고3 때 폐결핵을 앓아 죽음의 문턱까지 다녀온 적이 있다. 충북 청천면 이모네 집으로 요양을 간 그녀는 당시 누에를 치는 방에서 투병생활을 하게 되었다. 수천 마리의 누에가 뽕잎 갈아 먹는 소리는 어마어마하게 큰 소리로 들렸다. 밤낮없이 뽕잎 갈아 먹는 소리는 마치 결핵균이 내장을 파먹는 소리처럼 들려 그녀는 그 방이 끔찍하게 두렵고 무서웠다. 첫닭이 유별나게 우는 소리가 어머니의 지극정성이 하늘에 닿았다는 소리였던 날, 그녀도 누에처럼 온몸을 곧추세워 결국엔 하얀 집을 짓고 잠을 자고 싶었다.

불굴의 의지와 실행력이 몸에 밴 구리빛 얼굴

의지의 농사꾼
장춘용

길이 참 멀기도 했습니다.

퇴촌면 관음리에서 남종면 검천 3리를 가는 길이 어찌 이리 먼지요. 약속시간은 기다려주지 않고 서두르는 마음으로 7~8km 남짓한 거리를 홍천쯤으로 돌아오는 길보다도 더 멀게 느끼며 왔습니다. 고향 동네 임에도 낯설어 첩첩겹겹 강원도 산골을 가는 아슬아슬함으로 겨우 왔네요.

경사진 외길, 만약 차라도 중간에서 마주치면 황당할 만큼 대책이 없는 경우를 실감하며 목적지에 도착하니 블루베리 농장이 펼쳐졌습니다. 그런 깊고 높은 산위에서 블루베리 농사를 7년째 짓고 있다는 첫인상이 강렬한 사나이 장춘용 씨.

나무마다 실한 열매들이 풍성하게 익어가고 있었습니다. 한 알을 따서 씹어보니 여느 때 맛본 경험보다 월등한 당도를 느끼며

저절로 나오는 미소를 머금게 합니다. 막 구름을 밀어낸 강바람과 햇볕이 우리도 장춘용 씨를 응원하니 잊지 말고 힘내라고 하는 것 같습니다.

그와는 많은 이야기를 할 여유가 없어 아쉬웠지만 그가 불편하기 이를 데 없는 이 깊은 산골을 터전으로 삼은 까닭은 짐작하건데 주위의 어떤 영향도 받지 않는 청정한 곳에서 믿을 수 있는 먹거리를 만들겠다는 의지가 아니었을까 하는 생각이 들었습니다.

매년 블루베리 재배 농가가 꾸준히 늘어 올해는 전국적으로 생산량이 늘어 가격이 폭락할 수도 있다는 이야기들이 들리는데 이곳은 소문만 나면 제값을 인정받음은 물론 주문이 이어질 거란 확신이 드는 명품 블루베리였습니다.

인근 산 10만 평을 얻어 장뇌삼 농사도 함께 짓는다는 불굴의 의지와 실행력이 몸에 밴 구리빛 얼굴의 장춘용 씨.

모든 역경 물리치고 꼭 성공하실 분이란 걸 믿어 의심치 않습니다. 단비 내리는 토요일 오후 먼저 온 너른고을 광주의 지인들과 대한민국에 딱 하나 밖에 없다는 돌로 만든 상에서 블루베리와 고들빼기 장아찌, 산초 장아찌 등 청정음식과 보양음식을 대접받으며 또 하루를 잘 살았습니다.

가고자 하는 일에 순정을 바치는 사내

너른고을의 슈퍼맨 사나이
전찬섭

인생은 42.195다. 이 풀코스의 고통을 84번이나 이겨낸 이가 있다. 자랑스러운 그는 너른고을 광주에 산다. 전찬섭, 1962년 생, 강원도 영월이 고향이다. 그는 운동을 위해 태어난 사람이 분명하다.

전쟁의 승전보를 알리고 숨을 거둔 병사가 달려온 거리가 마라톤의 42.195km인 것을 감안하면, 84번을 완주한 전찬섭은 84번을 죽었다가 살아난 기적의 사나이라고 해도 과언이 아니다. 어디 그뿐이겠는가? 100km 코스도 4번씩이나 완주를 하였다고 하는데 이를 위해 매일 10km는 기본으로 달린다는 사나이다.

오포읍 양벌리의 514m 높이의 백마산을 가볍게 뛰어서 오른다는 그는 마라톤코스와 비슷한 거리의 화엄사 — 노고단 — 천왕봉 — 대원사, 그 높은 지리산 등정코스를 11시간 만에 완주했다

니 듣고도 놀라워 믿기지 않는다. 전찬섭, 그는 그야말로 너른고을의 슈퍼맨이다.

"나는 어릴 적 체력이 매우 약했었지요. 군대 가서도 매일 낙오하기 일쑤였어요. 그러던 어느 날, 완전군장을 하고 10km의 궤도를 오직 오기 하나로 버티며 결국 성공했어요. 그때를 생각하면 지금도 가슴이 벅차옵니다. 그때 얻은 자신감으로 운동을 생활화해 복학 후 한양대 마라톤대회에 처음 출전해서 8등을 했습니다. 그 일을 계기로 오늘에 이르도록 언제 어디서나 10km의 거리를 뛰어야 하루를 온전히 살았구나 싶습니다."

그이라고 어찌 매번 고통 없이 뛰었을까? 가고자 하는 일에 순정을 바치는 사내. 내가 전찬섭을 좋아하는 이유이다.

그는 태권도 유단자로(4단) 태권도장을 운영했으며, 체육인으로 지역사회 운동의 발전을 위해 광주볼링협회장으로 10년이라는 긴 세월을 봉사했다.

요즘은 토요일에는 등산을 하고, 일요일에는 족구를 즐긴다. 지난 일요일, 그를 만나러 장지동 고가 밑 족구장을 찾아갔다. 67명의 회원이 참여하는 방가족클럽은 매주 일요일 아침 6시 이곳에 모여 친목을 다진다. 찾아간 날은 마침 나도 어지간히 좋아하는 부침개가 고소한 냄새를 풍기고 있었다. 한쪽이 노랗게 익으니 슬금슬금 프라이팬을 흔들어 뒤집는데 절로 침이 고인다.

그에게 한 가지 바람이 있다고 하여 물었더니 비가 오나 눈이 오나 광주 시민들이 걱정 없이 운동을 이어갈 수 있는 실내족구장이 있었으면 좋은 것 아니겠냐고 되묻는다. 슈퍼맨 사나이 전찬섭의 소망이 이루어지길 응원한다.

낫을 들고 꼴을 베면서도 쉬지 않고 노래를 부르며
작두에 풀을 먹이면서도 꿈을 놓지 않는다

농장가든 대표
정 병 철

그의 나이 다섯 살에 아버지가 돌아가시면서 가장이 되었다. 어린 나이에 할아버지 할머니 어머니를 모시면서 두 동생까지 돌봐야 하는 처지였던 정병철은 1960년생으로 일찍부터 철이든 몸엔 깊은 인생이 넉넉하게 자리하고 있다. 그의 고생담을 들으면서 몇 번을 울컥했는지 모른다. 광주 탄벌동에 살고 있으며 지금은 장사가 제법 되는 농장가든의 주인장이지만 어지간히 긴 세월을 닥치는 대로 일만 하고 살았던 그다.

초등학교 시절부터 그에게는 공부보다 일이 우선이었다. 어제 남겨두고 온 풀을 행여 누가 베어가면 어쩌나 하는 걱정으로 늘 수업시간은 길게만 느껴졌다.

스무 살부터 젖소를 잘 키워 성공하겠다는 일념 하나뿐이던 그는, 마흔이 꽉 차도록 하늘이 파랗다는 것도 단풍이 빨갛고 샛노

렇다는 것도 느끼지 못하고 지냈다. 들판에 서리가 내리고 풀이 시들면 긴 겨울 소 먹일 일이 걱정되어 안타까웠을 뿐이다. 봄부터 가을까지 그는 어김없이 경안천으로 나갔고, 낫질로 벤 풀을 경운기에 대갓집 담장 높이만큼 쌓아 올려 하루에 두 번씩 꼬박꼬박 실어 날랐을 뿐이다.

긴 머리에 웨이브를 하고 귀고리가 유달리 빛나는 그의 하얀 얼굴은 고생 모르고 자란 귀공자나 예술가 같기도 하다. 그렇지만 그의 손을 보면 금세 생각이 달라진다. 울퉁불퉁하다 못해 이리저리 휜 그의 손가락은 어릴 때부터 고생한 그의 삶이 문신처럼 깊게 녹아 있다.

그의 고생으로 동생 한 명은 국내 굴지의 전자회사 전무를 지냈으며, 또 한 동생은 한옥 목공 전문가로 그 세계에 일가를 이루었다. 현재 농업경영인 광주 대표이며 우리농협 조합원으로 이웃을 위해 성심껏 일하는 정병철 씨. 원래 그의 꿈은 가수였다. 긴 세월 낫을 들고 꼴을 베면서도 쉬지 않고 노래를 불렀으며 작두에 풀을 먹이면서도 꿈을 놓지 않았다.

논두렁 가수라는 별칭을 얻고 사는 그는 특히 배호 노래를 좋아하고 잘 부르며 이순耳順의 나이에도 여전히 노래를 달고 산다. 언제쯤 그의 꿈은 이루어질 수 있을까?

농장가든에 가거든 그의 손을 보라. 그러면 각자의 가슴에 사무친 지난날들이 서로 엉켜 한없이 녹아내릴지도 모를 일. 또한 노래를 청해 보라.

주황색 농장가든의 온갖 식물들이 꽃을 피우거나 열매를 달거나 새순을 틔워 제 깜냥대로 바람의 반주를 하면 신이 난 그의 노래는 향기를 담아 더욱 깊고 은은해질 것이다.

"그대의 청춘을 꼬박 바친 젖소농장을 개조해 만든 농장가든 쥔장님! 언제나 꿈은 아름답고 신성하니 그 꿈을 향해 힘차게 희망하시라!"

좌절하지 않고 오뚝이처럼 일어설 수 있는 비결은
오로지 성실함과 포기하지 않는 끈기다

세계에서 가장 부지런한 사람
최광근

최광근(38년, 서울 출생)씨 댁에 들어서니 개가 먼저 대차게 짖으
며 객들의 정체에 물음표를 던진다. 스스로 세계에서 가장 부지
런한 사람이라 말하는 그와 인사를 나누다가 마디가 없는 손가
락에 시선이 갔다. 방아에 잘린 붕대를 감은 손가락을 보고 나의
가슴도 통증이 깊어졌다.

서울 종암동이 고향으로 팔순의 나이지만 여전히 청년처럼 민
첩한 동작으로 방앗간 일과 목장 일을 해내는 선생은 서울에서
사업에 실패하고 1978년 이곳 오향리로 왔다. 직원이 38명인 신
발 밑창을 만드는 고무공장을 운영했었다. 운전기사를 고용하고
외제차를 탈 만큼 잘 나가던 사업은 부도를 맞는다. 생산에 필요
한 원자재 값은 현금으로 지불하지만 납품대금은 늘 약속어음을
받아야했다. 부당하지만 어쩔 수 없는 구조에 만기가 된 어음을

들고 찾아간 납품업자는 야반도주로 사라진 뒤였다.

　빈털터리가 되어 처가 동네인 오향리로 내려온 그의 가족은 주인 없는 빈집에 신문지로 도배를 하고 살게 된다. 싱싱하던 날의 추억과 젊은 혈기에 좌절할 수도 있었지만 선생은 억척같이 새로운 삶을 살아낸다. 당시 처갓집은 동네에서 대단한 부자였지만 구두쇠로 소문난 장인은 그들 식구에게 쌀 한 톨 보태주지 않는다. 선생도 의지하는 성품이 아니기에 그런 장인의 처사가 특별히 서운하지 않았다.

　어렵게 빚을 얻어 떡방앗간을 운영하면서 소 두 마리를 키우기 시작했다. 그리고 남의 논을 얻어 농사를 지었는데 낮에는 소를 돌보는 일과 방앗간 일로 시간이 없어 한밤중에 경운기를 끌고 나가 농사일을 했다. 순찰 중인 경찰에게 도둑으로 오해받으며 플래쉬를 켜고 논둑 풀을 베는 억척도 부렸다. 풀은 소의 먹이가 되었는데 논둑도 정리하고 사료비도 절감할 수 있는 일석이조였다. 서울 출신의 사내는 낫질을 해보지 못했지만 되는 대로 낫을 내려치며 풀을 베었고 까맣게 달라붙은 거머리를 떼어 내기도 했다.

그렇게 빌려 억척스러움으로 농사를 지었던 땅들은 최광근 씨의 소유가 되었다. 빚으로 시작했던 방앗간이 벌써 40년이 되었고, 소 두 마리로 시작했던 목축업은 연소득 1억2천만 원의 소득을 올리는 부농이 되었다. 방앗간과 축사가 지척에 있어 소똥 냄새가 독하지 않을까 염려했으나 우려할 정도는 아니었다. 냄새를 최대한 막기 위해 축사를 비닐로 가리고 물청소를 매일한다.

저녁식사가 끝나고 7시면 잠자리에 든다는 최광근 씨는 밤 12시면 눈이 떠진다고 한다. 그러다 새벽 두세 시면 일어나 축사 청소며 소에게 먹일 사료준비를 하는데 사료배합도 그가 직접한다. 질 좋은 사료를 먹이고 싶은 생각과 사료비 절약을 위해 사료용 옥수수를 직접 키우고 방앗간에서 나오는 깻묵 등 찌꺼기들을 사료로 이용해 사료비 절약에 한몫을 한다.

돈을 모을 수 있었던 비결을 묻자 단박에 하는 대답이 '돈을 쓰지 않는 거'라고 말하는 오향리 최고 부자로 소문난 최광근 씨는 한 달에 자신에게 필요한 돈은 염색을 포함한 이발비 딱

23,000원이라고 말한다. 지금까지 살면서 노래방 한 번, 관광 한 번 가본 적이 없다는 그는 이렇게 좋은 오향리를 두고 어디를 가느냐며 오히려 질책한다.

비행기를 타면 비행기가 떨어질 걱정, 차를 타면 사고 날 걱정이 한 가득인데 굳이 뭐하러 그런 걱정을 사서 하느냐는 말이다. 그런 그도 딱 한 번 비행기를 타본 적이 있다. 대기업에 다니는 사위 덕에 여행에 따라갔던 것이다. 물론 비용이 공짜였기에 따라나설 수 있었던 해외여행이다. 구두쇠 같은 알뜰함은 그의 아내 역시 마찬가지다. 아직도 내복과 팬티를 기워 입을 정도로 알뜰하다.

자신에게는 한없이 구두쇠인 그도 딸에게는 한없이 베풀고 퍼주는 아버지이다. 딸만 셋을 둔 최광근 씨는 죽을 때 한 푼도 가져갈 수 없는 것이 돈이라는 것을 알기에 딸들이 필요하다면 언제든지 필요한 만큼 주며 그걸 오히려 삶의 낙으로 삼고 있는 듯하다.

인터뷰를 진행하는 동안에도 여러 통의 전화가 걸려 온다. 맡긴 들기름을 짜놓았느냐는 전화에서부터 다음 날 양평장에 낼 송아지 때문에 축협에서 온 전화도 있다. 팔순의 나이라고 전혀 믿기지 않는 건강함과 활력은 이같은 그의 부지런함과 열정 때문일 것이다. 그는 광주시 방앗간협회의 회장직을 22년을 맡아서 했다는 것만으로도 그의 성실하고 부지런함의 진정성을 읽는다.

종암동에 있는 숭례국민학교 6학년 때 6.25가 터져 그의 학업은 그걸로 끝이었다. 친구들은 상급학교에 진학하여 대학공부까지 하였지만 형편이 어려웠던 그는 열일곱 살부터 생활전선에 뛰어들어 열두 식구의 생계를 돕기 시작했다.

천성이 부지런하고 성실한 그는, 미아리 대지극장 건너편에서 미곡상을 18년 동안 했는데 종업원을 두 명 두고 삼양동 일대의 쌀 주문을 다 접수할 정도였다. 갈퀴로 돈을 긁어모았단다.

상가건물을 사서 돈을 불려 의정부 시내에 4,375평의 땅을 샀는데 그 땅은 고무공장의 부도와 함께 남의 것이 되어버렸다. 현시세로 천억 대인 그 땅이 넘어가던 날 충격으로 다리가 휘청거렸다고 한다. 그래도 좌절하지 않고 오뚝이처럼 일어선 그의 비결은 오로지 성실함과 포기하지 않는 끈기였다. 작은 실패에도 쉽게 좌절하는 요즘 세대가 본받아야 할 점이다.

그를 인터뷰하면서 이제는 그 자신을 위해 얼마쯤은 쓰고 살았으면 좋겠다는 생각을 해본다. 한평생 수고한 자신께 후한 상을 내리는 여생을 소망해 본다.

세상을 향해 열정을 발산하다

제일광고
최병길

"남편으로부터 장미 100송이 받은 여자 있으면 나와 보시라."
며 신영숙 씨(1962년생)는 생글생글이다. 충북 음성군 감곡면 오궁
리, 오갑이라는 곳이 고향이다. 남편 최병길을 직원으로 둔 제일
광고 대표로 송년회 날 만인이 보는 앞에서 장미 100송이를 남편
으로부터 감동의 선물 받았다. 그리고 서로 다짐했다.

"100살까지 우아하고 섹시하고 멋있게 살아야 된다."

신 대표가 운영하는 제일광고의 사업 종목은 현수막이다. 86
아시아 올림픽이 있던 해 광주에서는 처음 시작했고 그래서 현
수막에 있어서는 30년 전통의 선두주자가 되었다. 88올림픽을
거쳤다. 광주 시청의 일도 거의 싹쓸이할 정도로 일이 많았고 선
거 때만 되면 당선자, 낙선자 양쪽 모두 맡길 때가 있어 돈도 벌
었다. 모두 수작업이었던 시절, 그간 갈아치운 기계만도 17대에

달한다.

모두 재주꾼 남편을 직원으로 둔 덕분에 가능했다. 재주꾼 남편은 밤샘으로 공부해 기계를 마스터했고 현수막에 필요한 포토샵 디자인 공부까지 맹공해 현수막 숙련공이 됐다. 물론 바깥 비지니스도 남편 몫이다.

신 대표와 나는 공통점이 많다. 평산 신씨 항렬이 같고, 감곡면 오갑은 아버지 고향이다. 1984년 결혼도 같고, 100세 인생 목표도 같고, 부부 7살 나이 차이도 같다. 치매 시어머니 모신 일, 그것에 대해서 무한 감사를 보내는 남편을 둔 것까지 같다.

그의 남편 최병길 씨(55년생 광주 역동 출신)는 나와 동문이며, 같은 축산과를 졸업한 3년 후배. 성남공단의 완구 수출회사에서 필자 아버지의 고향인 충북 감곡면 오궁리 오갑 출신의 아내 신영숙 씨를 만났다. 늘 생글생글 웃는 그녀는 2남 1녀를 낳아 4대 독자의 한을 풀어주었는데, 아내를 처음 보는 순간 배필이었음을 직감했다고 최병길 씨는 회상한다.

당시 유류 파동에 중소기업들이 추풍낙엽처럼 쓰러지는 것을 보면서 그는 자영업을 하겠다고 마음 먹고, 아시안게임이 열리던 1986년 광주에 최초로 현수막 가게를 개업한다. 어깨 너머로 보고 배우며 또한 책을 사서 익히며 일을 시작했다. 86아시안게임과 88올림픽으로 대한민국이 현수막 열풍이 불 때다. 호돌이 현수막과 올림픽 축하 현수막이 전국을 휩쓸었음을 우리는 익히 기억한다. 수작업으로 연일 밤을 새우며 납기일을 지켰다.

2000년도부터는 기계를 사용했으나 원색 몇 가지만 가능했기에 능률도 없고 부가가치도 약했다. 그러나 기계의 등장은 새로운 변혁의 시대를 예고했다. 대부분의 수작업 1세대가 도태되고 기술의 접목시대가 도래한 것이다. 지금은 저렴해졌지만 그 당시에는 기계값이 비싼 만큼 현수막값도 올랐다.

빌라값이 사오천만 원 할 때 기계값이 5,000만 원이었다. 기계업자에게 컴퓨터 사용법을 교육받는데 윈도우, 그래픽, 포토샵 등 생소한 단어들을 도저히 이해를 못해 쫓아 버렸다. 그리고 곰곰히 생각해보니 복잡한 기계를 만든 사람도 있는데 만들어놓은 것도 못쓰나 싶은 생각에 기계 옆에서 먹고 자기를 한 달 보름쯤

240

노력하니 조금씩 사용법을 알게 되었다. 큰돈을 들여 기계를 들여놓았지만 2~3년이면 업그레이드된 새 기계가 나왔다. 그동안 들여놓은 기계가 20대다. 기계장사 뱃속을 채워주는 시간이었는지도 모를 일이다.

광주의 첫 지자체 출마자들의 현수막은 100% 최병길 씨가 했다. 시의 큰 행사도 도맡아 했다. 무슨 일이 있어도 약속 시간을 지켰다. 약속보다 일찍 갖다 주는 일도 다반사였다. 작업장과 집이 같은 건물이어서 언제든지 주문을 받고 만들어주니 급한 손님들이 무시로 왔다. 오래된 단골들은 사는 동네에 현수막 업체가 생겨도 최병길 씨를 찾아온다. 그러면서 제일광고는 무에서 유를 창조한 업체라고 칭찬과 격려를 해준다.

요즘은 기술자를 쓰면 수지타산이 맞지 않는다. 일이 많을 때는 일당으로 사람을 쓰지만 평상시에는 부부가 꾸려간다. 대표는 아내이고 그는 직원이다. 그에게 아내는 참으로 소중한 사람이다. 가게 일은 물론 그가 하는 모든 활동의 가장 든든한 조력자이자 후원자이기 때문이다.

사회활동을 하며 책임 있는 자리라도 맡으면 눈치 주는 일 없이 전폭적으로 지지해준 아내가 있어 봉사활동 또한 마음껏 할 수 있었다. 한때는 지방선거 출마자 전원의 현수막을 제일광고가 만들었으니 그는 당선자도 낙선자도 부지기수로 배출한 광주 현수막의 원조다. 근래의 선거는 현수막도 좋은 자리를 선점해야 하므로 지방선거는 한두 명, 시장과 국회의원 선거는 한 명만 관리해야 빠른 일처리가 된다.

손작업을 하던 초창기에는 선거 직전 20일 동안은 밤 새워 일을 했다. 주변에서 돈을 많이 벌었다고 하는데 워낙 저렴했기에 큰돈은 벌지 못했다. 단지 시간이 없어 돈을 못 쓰니 모아진 것이다. 옷 한 벌 사 입으러 다닐 시간도 없었던 시절이다.

60대 광고업자 중에 독학으로 그래픽 프로그램을 공부해서 자유자재로 사용하며 편집 디자인을 해내는 사람이 몇이나 있을까? 최병길 씨는 해냈다. 그의 열정은 이제 세상을 향해 발산되고 있다.

모교인 중앙고등학교 운영위원장, 풍물반 후원회장을 맡고 있으며 광주로타리클럽 전前 회장, 광주시 법원민사조정위원, 법무부 법사랑광주지역위원, 광주뉴스 독서칼럼니스트 등을 지내며 소신껏 봉사를 하고 있는 것이다. 그동안 뜻깊은 일이 꽤 있었지만 로타리클럽에 기부한 누적금액이 3,000만 원이 되면 일년에 300만 원을 후원자가 지명한 학생에게 장학금을 주는 제도가 있다.

최명길 씨 이름으로 장학금을 받은 학생들이 사법고시에도 합격하고, 모교의 선생님이 되어 근무도 하고 있으며, 김덕수 사물놀이패의 수제자도 있다. 그동안 10명을 후원했다. 모든 것이 자신을 이해하고 믿어준 아내 신영숙이 있었기에 가능한 일이었다.

곤지암 최고의 농사꾼

최홍규

최홍규는 광주시 곤지암에서 농사를 가장 잘 짓는 농사꾼으로 알려져 있다. 올해도 논 1만6천 평에서 쌀 300가마 소출을 올렸다. 돈으로 치면 6천만 원 소득. 80kg 한 가마에 24만 원을 받았다. 이 가격은 일반 수매가 15만 원과 비교해 9만 원을 더 받는 최고의 농사꾼이 받는 대우다.

그런 최홍규가 얼마 전 최고 기분(?)으로 아들을 장가보냈다. 아들 친구들이 몰려와서 길이가 100m는 늘어 선, 세기의 결혼식 같은 분위기였으니 아버지 입장에서 얼마나 기분이 좋았겠는가. 아들 직업은 자동차 영업사원. 그런데 요즘 영업도 기가 막히게 잘한다. 58명 영업사원 중 1등이다. 군대 갔다 복학해서 장학금 받은 것도 늘 최홍규 농사꾼의 아들 자랑 품목이다.

그런 아들이 한 때 최악의 사고뭉치였다면 누가 믿겠는가? 아

들은 어릴 때부터 몰려다니며 말썽만 피고 다녔다. 학교에도 한 달간 안 간 적도 있고 툭 하면 경찰서, 학교, 곤지암 관내에서 전화가 왔다. 아들이 사고 쳤다는 것이다.

"숨고 싶었습니다. 아들 농사가 이렇게 힘든 줄이야. 땀 흘리는 농사보다 훨씬 힘들더군요. 쌈박질했다고 전화가 오면 어찌할 바를 몰라서 돈으로 해결할 건 돈으로 해결하고 선처를 구했습니다. 얼추 1억은 썼을 겁니다."

아들의 기를 살려주기 위해서 방목상태로 키웠던 게 잘못이었을까? 그래서 아버지는 아들과 친해져야겠다고 맘을 먹는다. 스스로 변해 소통이란 걸 시작해 쑥스러운 편지도 쓰고, 일기도 쓰고, 수시로 카톡도 보냈다. 그리고 아들의 구두까지 닦아주게 된다.

"내 아들이잖아요. 그래서 광을 내주고 싶었어요. 기죽지 말라고. 그래서 시작한 게 아들 구두 닦기 3년입니다. 고맙다고 하더군요. 장가가기 전 눈물까지 흘렸습니다."

농사꾼 경력 36년째, 최홍규다. 1981년 6월 4일 제대를 하자마자 손 모를 심은 이래 새벽 4시 반이면 나가는 부지런함이 몸에 배어 있다. 올 밭농사도 잘되었다. 수수, 콩, 마늘, 생강, 토란, 고추, 배추, 울금 등 넉넉한 부자가 되었다. 거기에 외아들까지 장가를 보냈으니 그보다 행복한 사람이 광주 땅에 있을까?

산에서 무한에너지를 얻어
삶의 숲을 짙은 녹음으로 가꾸어가는 사람

도전적인 삶을 사는 산쟁이
황숙영

    너른고을 광주에는 참 존경할 분이 많아 좋다. 황숙영. 1966년 생. 내 기준으로는 젊은 여성이다 싶었는데 역시 젊음답게 참 고 난도의 도전적인 삶을 산다.

    그녀가 산을 좋아 하는 걸 안 건 그녀의 닉네임을 통해서다. 그 녀는 늘 이름 옆에 '산쟁이' 라는 닉네임을 붙인다. 물어보니 "그 냥 산쟁이라는 생각이 든다." 는 것이다. 그리고 산을 내려오면 대개가 얼른 쉬고 싶은데 '다시 오르고 싶다' 는 생각이 드는 철 인 녀다.

    며칠 전 쌍령동 한울축제장에서 처음 배낭을 맨 그녀를 만났 다. 남한산성을 한 바퀴 휙 돌고 왔단다. 광지원에서 노적봉으로 올라 벌궁 - 북문 - 남문을 거쳐 이배재 - 두레봉 - 한옥마을 17km 코스라고 쉽게 말하는데, 내게는 결코 쉽지 않은 꿈같은

코스다.

황숙영 씨(1966년 서울 생)는 지금은 가로수길이라고 불리는 압구
정동에서 조그맣게 보세 옷가게를 8년 동안 했었다. 동대문 제일
평화시장에서 도매도 했으며, 새벽시장에서 물건을 떼어다가 매
장에 진열을 해주는 일도 했다. 물건 값에서 보는 마진과 진열
수고비는 짭짤했다. 힘들고 고단해도 통장을 보면 든든했다. 결
혼을 했으며 그 돈으로 집을 장만하고 가게를 냈으니 보람이 있
었다. 제빵 기술자인 남편과 성남에서 제과점을 하던 중에 탄벌
동 현대아파트 정문앞 자리를 소개받아 광주에 왔다.

예상 밖으로 빵집은 문전성시였고 곧 가게의 등기상 주인이 되었다. 성남의 가게를 정리하며 쌍령동을 포함해 광주에 3군데 점포를 운영하기에 이른다. 하지만 세상은 무서운 속도로 변했다. 대형 프렌차이즈 빵집이 골목마다 들어서면서 개인빵집은 경쟁력이 떨어지고 기술자 관리는 더욱 힘들어졌으며 급여와 재료비의 상승 등 운영비는 오르고 날마다 버리는 재고가 늘었다. 제빵사업을 정리했다. 성남에서 5년, 그리고 광주에서 15년의 빵집과의 인연은 그렇게 끝이 났다.

광주에 다세대 건물이 많이 들어서면서 가구를 만들어 납품하는 사업을 시작했지만 3년 만에 큰 실패를 하게 된다. 비록 실패는 했지만 열심히 살았다고 자부하기에 후회는 없었다. 그즈음 몸이 이상해 검사를 받은 결과 대장암 3기로 판명이 났고 수술을 기다리는 동안 절절한 기도가 나왔다. 짧은 기도였지만 한 번도 경험한 적 없는 평안이 찾아왔다. 수술을 하고 6개월의 입원기간과 항암치료를 받는 동안에도 마음이 아주 편안했다. 황숙영 씨는 지금도 그때의 평안을 떠올리면 행복한 감사가 우러나온다고 한다.

사업실패와 대수술 그리고 부부가 함께 장사를 하면서 벌어진 사이가 더 깊어져 그녀는 심한 우울증을 앓게 된다. 한동안 혼자만의 세계에 갇혀 지냈다. 어느 날 가깝게 지내던 교회집사님(광주성결교회 서혜경)이 찾아왔다. 황숙영 씨를 본 서혜경 집사는 안 되겠다 싶었는지 그녀를 끌어내 청석공원을 함께 걸었다. 이후 비가 오고 눈이 오고 천둥, 번개가 치는 날도 매일 찾아왔고 조금씩 거리를 늘려가며 걷기를 요구했다.

"저거 좀 봐봐, 저 꽃들 예쁘지?" 하는 집사님의 손끝을 따라 살아 있는 자연을 만나며 차츰 그들의 숨소리를 느끼기 시작했다. 매일매일 걸으며 꽃과 초록의 생명을 만나다 보니 이젠 걷지 않는 것이 힘들었다. 근육이 생기고 건강해지는 것을 느낄 수 있었다.

서혜경 집사는 산엘 가자고 권했고 바로 남한산성 성곽 길을 따라 올랐다. 오르막이 힘들었던 황숙영 씨는 "저 단풍 좀 봐" 하는 서혜경 집사의 감탄하는 소리에도 보는 듯 마는 듯 집에 가자고만 했다. 집에 와 누우니 산에서 봤던 그 풍경이 스폰지에 물 스미듯 가슴을 적셔오는 거였다. 그렇게 산과의 인연이 시작되었다. 처음엔 산길이 좋았고 집에 오면 또 생각이 나서 갔다. 근교 산에서 자신을 얻은 그녀는 지금은 설악산과 지리산을 주로 가는데 일주일에 서너 번은 산행을 한다. 내가 건강해야 무엇이든 할 수 있겠다는 생각에 하루빨리 심신의 안정을 찾겠다는 마음뿐이었다.

황숙영 씨는 "산에서 얻는 에너지를 생각하면 산은 참 신비로운 곳이에요. 우리가 산에 대해 안다고 생각했던 것은 산이 가지고 있는 능력의 1%나 될까요? 99%의 긍정적인 무엇인가는 찾지 못했다고 봐요. 다 죽어가다가도 산에만 가면 거짓말처럼 에너지가 샘솟고 멀쩡해지니 말이에요."

세상 돌아가는 일에 별 관심 없이 나만 잘 살면 된다고 생각하며 지낸 날들이 부끄러웠다. 그동안 무지했던 자신이 바보 같지만 이제라도 깨달았으니 다행이라고 생각한다.

그는 세상이 바로 서야 사람답게 살 수 있다는 것을 안다. 눈과 귀가 열리니 진실이 보였다. 세월호 모임에도 참여하고 촛불집회에도 열심을 냈다. 그런 것들조차 산을 다니며 얻은 건강과 긍정적인 마음이 주는 선물이었다. 작년 한 해에도 지리산 능선 48km를 1박 2일에 완주하고 설악산 공룡능선을 12번 올랐다. 글 쓰는 사람을 글쟁이라 하듯 자신은 '산쟁이'고 싶다는 황숙영 씨.

"서혜경 집사 부부는 나와 남편의 멘토이며 의지가 되는 분들이고, 힘들 때 옆에 있어주고 기도로 격려해준 분입니다. 이렇게라도 고마운 마음을 전하고 싶어요."

'쟁이'는 어떤 일을 직업으로 하는 사람, 그 분야에 미쳐 혼신을 다하는 사람을 이를 때 부르는 말이다. 산에서 무한에너지를 얻어 삶의 숲을 짙은 녹음으로 가꾸어가는 그녀를 '산쟁이'로 인정한다.

4부

광주에서
꿈을 안고
살아가는
사람들

서하리에서 울리는 농부 3대의 행진곡

농부 3대 중 2대 농부
김광기

요즘 농사가 얼마나 힘든가. 힘은 드는데 돈이 안 되니 젊은이들의 관심도는 별로이다. 그런 가운데 광주의 농사가 젊어지고 있다. 신익희 선생의 생가가 있는 서하리에는 3대가 농사를 짓고 있는 농가가 있다. 손자 김태연은 1981년 생으로 새내기 농사꾼이다. 아버지를 선생으로 모시고 토마토, 아욱은 물론 기르기 힘든 멜론 농사까지 짓는다.

농사는 3D업종으로 인식되어 특히 젊은 청년들에게는 그리 인기 종목이 아니다. 하지만 37세의 김태연은 오늘도 토마토 멜론 아욱을 자부심으로 농사를 짓는 8년 차의 자랑스러운 광주 농사꾼이다. 멜론 농사가 전문으로, 개당 1만 원짜리 멜론을 자유자재로 생산해 낸다. 30세에 농사꾼이 되었다. 학교를 졸업하고 잠시 딴 생각도 했지만 장남으로서 대대로 내려온 농사를 이어야

겠다는 효심(?)이 발동해 농사꾼의 길로 접어들었다.

할아버지 김학영(1933년생), 아버지 김광기(1957년생), 김학영(1981년생). 꼭 24년 차 3대로, 평생 출근길은 광주시 초월면 서하리 벌판의 하우스 채소밭이다. 요즘은 학교급식으로 나가는 아욱이 예쁘게 자란다.

아버지 김광기 씨는 평생을 농부로 살아왔다. 특히 6년 전부터는 농사를 천직으로 알고 살아온 것에 더욱 자부심을 느끼게 되었다고 한다. 2010년 대학에서 그래픽디자인을 전공하고, 업으로 삼던 아들 김태연 씨가 농사를 짓겠다며 스스로 부모님 곁으로 돌아왔기 때문이다. 또 같은 해 농작업 안전모델 시범사업 작목반이 되어 각종 지원을 받게 되었고 그로 인해 재해를 줄이며

안전하고 능률적인 농작업 환경도 조성하게 되었다.

지난 2012년에는 김광기 이진숙 부부가 농협중앙회에서 주관하는 새농민상을 수상하였고, 2013년에는 경기도지사가 선정하는 농업 전문경영인으로 발탁되었다. 그리고 김광기 씨가 추진위원으로 책임을 다한 안전모델 시범마을이 3년 만에 농작업 안전실천 분야에서 전국 대상을 받으면서 한층 그는 천직인 농부로서의 보람을 느끼게 된 것이다.

김광기 씨는 서하리에서 손꼽히는 선도농업인으로 친환경 무농약 인증을 받았으며, 자발적 농업을 겸비한 과학영농을 실천하여 소득증대와 지역발전에 혼신을 다하고 있다. 아버지인 김광기 씨 못지않게 아들 김태연 씨 또한 자신의 직업인 농업에 열성을 다하고 있다. 그는 농업기술원 내 경기마이스터대학을 졸업했으며, 농업기술센터 친환경대학을 이수했다. 농장의 주작목인 토마토, 아욱, 메론 중 메론을 담당하는 전문가로 쑥쑥 성장하고 있는 중이다.

올해는 200평 하우스 1동에 1,000주씩 2동의 하우스에 2,000주의 메론을 심었다. 메론 한 주에 열매 1개씩을 생산하는데, 파치를 제외하면 80%의 수확량에 개당 평균 10,000원 정도를 받는다고 한다. 얼른 계산해도 1천6백만 원의 소득이다. 하우스 12동 중에 2동을 활용한 한 철 농사로는 꽤 보람 있는 일이겠다. 토마토와 메론은 한 해에 한 번 재배하고, 겨울을 포함한 나머지 기간에는 아욱을 재배하는데 모든 품목은 무농약 재배이며 주로 서울과 경기도 내 학교에 급식으로 납품한다.

농사일이 체질에 맞는다는 몸집 좋은 아들 김태연 씨는 무엇이 가장 어렵냐는 질문에 배우고 있는 것이 다 어렵다고 대답한다. 그리고는 '오늘 땀을 많이 흘려 몸에서 땀 냄새가 난다'고 슬쩍 거리를 두며 겸손해한다. 퇴촌 초월읍 주변에는 농사를 짓기 위해 돌아온 젊은이들과 고향을 지키던 20~30대의 젊은이 30여 명이 뜻을 함께 하고 있어, 힘이 배가 된다고 한다. 4H회장을 지냈으며 나이가 들어 회원 자격이 상실된 벗들과 지우천이란 모임을 만들어 수시로 정보 교환과 소통을 하고 있는 김태연 씨는 현재 지우천 회장을 맡고 있기도 하다.

'메론을 수확할 때 왔으면 더 좋은 모습을 보여줄 수 있었을 텐데'라는 말 속엔 자신이 책임진 분야의 자긍심이 깊이 묻어났다. 늘 궁금하던 하우스 비닐의 수명이 10년이란 대답을 듣고는 1년도 버티지 못하고 찢겨지고 펄럭이던 어릴 적 경험의 상식을 비껴간 사실에 놀라움과 함께 하우스용 비닐이 국산 제품이 아닌 것에 대한 아쉬움이 들었다.

토마토와 메론 수확이 끝난 12동의 하우스에는 시차를 두고 씨를 뿌린 아욱이 스프링쿨러가 뿌려주는 물을 마시고 각자의 키대로 우쭐대고 있었다. 1990년부터 거르지 않고 쓴 영농일지에는 작물의 상태, 작업 내용, 날씨의 변화 등이 기록되어 농사 지침서가 되었다.

일이 있다고 먼저 길을 나선 아들과 손자 뒤로 농장을 뒷마무리하고 오토바이에 시동을 거는 김학영 할아버지의 뒷모습이 그윽하다.

고물은 보물이다

광주시영화인총연합회 회장
김진국

개 짖는 소리와 기계소리가 허공을 잠식한 1,000여 평의 고물상. 무더기, 무더기 쌓인 비철 더미 틈 사이로 악착같이 고개를 치켜세운 환한 꽃들이 피고 실한 열매를 매달고 있다. 고물상 사무실로 들어가 보면 뜬금없는 간판 하나가 걸려 있다. 대박이라는 뜻의 'D&B 미디어' 간판이다. 'D&B 미디어'는 지금은 휴업 중이지만 그가 설립한 영화사의 이름이다.

고물대상을 20년째 하고 있는 김진국 씨(54년 충주 생, 배우 겸 영화감독)는 D&B 미디어를 2011년 3월에 설립해 영화제작을 시작한다. 첫 작품을 박철수 감독과 계약하고 잔금을 준비하지 못하는 사이 남자 주인공으로 정해진 김추련 씨가 자살을 하고 박철수 감독마저 2012년 교통사고로 운명을 달리했다. 그때 일이 순조로웠다면 그들이 잘못되는 일은 없지 않았을까 하는 마음의 짐

을 지금까지 안고 산다.

김진국 씨는 처음 배우를 꿈꾸었으나 연출을 하게 되었고 연출을 하면서 대타로 가끔 연기도 하게 되었다. 그 시절 이대에서 껄떡쇠타령이란 노래가 유행 했는데 영화를 만들면 되겠다 싶어 변장호 감독의 도움을 받아 드디어 영화감독으로 데뷔를 하게 된다. 이진영, 김인문, 김하림, 성미진 주연의 '껄떡쇠'는 1989년 10월 28일 개봉한 그의 데뷔작이다. 유장현, 김영남 주연의 '매녀꾼'을 1992년 12월 5일에 개봉하였고, 1989년에는 유장현, 허나희 주연의 비디오 '땅꾼과 부인'을 내놓았다. 야한 영화만 찍었냐는 물음에 그때는 변강쇠가 한창 인기 있던 때라 별 수 없

었다고 너스레를 떠는 그는 여러 차례의 영화 실패와 컨텐츠 개발 실패로 땅과 건물을 잃고 어쩔 수 없이 영화에 미련을 버리게 된다.

　사단법인 한국영화감독협회 부이사장을 지낸 바 있는 그는 2016년 동 협회 이사장 출마를 선언하고 최선을 다했으나 불미스러운 일에 분개하며 중도포기를 한다. 현재는 광주시 예총 산하에 광주시영화인총연합회 지부장직을 수행하고 있으며 '최은희 회고록'과 '시민을 위한 영화 상영'을 기획하고 문화센터 소극장까지 계약을 했으나 전 예총 집행부의 과오로 사고 분과가 되어 시 예산을 받을 길이 막혀 난감한 상황이다.

김진국 감독은 고영남, 안승호, 우태영, 하주택, 이진 감독도 자신과 같은 충주 출신이라며 충주는 영화감독을 다수 배출한 고장이라고 자랑한다. 뿐만 아니라 그가 현재 살고 있는 광주시에도 이병헌, 백일섭, 김하림, 송경철 등의 배우와 감독으로는 '칠 번방의 선물' 의 이환경 씨 등이 살고 있으며 그 외에도 많은 영화인들이 살고 있으며 모든 분들이 모이는 자리를 꿈꾼다.

그는 현재 동원대 CEO과정 동문회 회장과 충청연합회 자문위원, 충심회 회장 그리고 카네기 회원으로 왕성한 활동을 하고 있으며, 화가인 아내 전명숙 씨는 예총 광주미술협회 지부장직을 수행하고 있다. 두 아들은 아버지 사업에 든든한 조력자로 위대한 고물대상을 꿈꾸는 비철더미 틈 사이로 악착같이 고개를 내민 방동사니, 왕바랭이처럼 미래가 밝은 사나이들이다.

오늘도 김진국의 고물대상은 '안 되는 것을 만들어 내는' 작품을 연출 중이다.

김밥나라 대표

김태완

아내가 싼 김밥 꽁다리를 집어 들다 문득 그가 떠올랐다. 대한민국에서 내가 알고 지내는 유일한 김밥집 사장님으로 곤지암 삼거리에서 '김밥나라' 라는 상호를 걸고 김밥집을 운영하는 김태완 씨다.

그와는 동원대 CEO 과정 동기생으로 만나 관계가 깊어진 귀한 인연이다. 그를 보기 위해 이른 아침 김밥집을 찾아갔다. 새벽 일찍부터 영업을 시작하는 김밥집은 여전히 활기차고 분주했다. 마침 단체주문 물량을 바쁘게 준비하던 김 사장은 잠시 조물조물하는가 싶더니 금세 내가 좋아하는 참치김밥을 말아 상에 올려낸다. 김밥 한 줄 마는 시간은 20초, 1분에 3줄은 기본이란다.

은행 자리로도 손색없는 목 좋은 곳에서 높은 임대료를 감당하며 김밥집을 운영할 수 있는 것은 그가 말아낸 김밥을 믿고 찾아

261

최근 동원대 CEO 과정 졸업여행을 갔을 때 아름다운 홍콩의 야경을 배경으로 내가 찍어준 김태완 사장의 모습이다.

주는 고객들이 끊이지 않기 때문이다. 김밥 맛이 거기서 거기지 별거냐 하겠지만 최고의 재료만을 고집하는 그는 쌀과 김은 말할 것도 없고 재료의 신선함을 위해 최선을 다한다. 달걀지단 하나까지 즉시 부쳐야 맛이 배가 된다고 일갈하는 그의 소신이 언제나 맛있고 좋은 김밥을 자랑스럽게 내는 비결이다. 그렇지만 김밥을 말기 전 밥의 간보기는 함부로 발설할 수 없는 그만의 특급 노하우라며 웃는 그의 모습이 오히려 믿음직스럽다.

그런 그에게도 꿈이 있다. 몸속에 흐르는 회귀 본능으로 자신의 탯줄이 묻힌 무주로 내려가 고향산천의 사계절이 들려주는 노래를 듣고 사는 일이다. 골짜기 자작한 물에 밤놀이 나온 가재를 응원하고 된장을 미끼로 넣은 어항에 속절없이 몰려들던 버들치의 안녕을 묻고 싶은 것이다. 메뚜기, 방아깨비 잡아 강아지풀에 끼우며 놀던 그때 그 추억을 불러내보고 싶은 것이다.

살구나무집 그 소녀의 살구꽃 향기처럼 그윽한 고향 무주, 그곳에서 가족과 소소한 행복을 꾸리는 날을 고대하며 이를 위해 공부도 열심이다.

동원대 CEO 과정을 열정적으로 소화해 내면서 참신하고 새로운 세계를 배우게 되었다고 말하는 그는 동기생들과의 유대관계가 깊어지며 얻게 된 즐거움을 감추지 않는다.

어느 날, 곤지암 '김밥나라'의 주인이 바뀐다면 그것은 김태완 사장의 꿈이 이루어졌다는 반증이 될 것이다.

어여 오시라 그날!

따뜻하고 복된 광주의 내일을 설계하다

따복공동체 활동가
마 경 희

집값 상승, 사업 실패 등으로 주변 시군으로 떠밀리듯 밀려가는 사람들이 늘고 있다. 그런가 하면 자연에 더 가까이 살고 싶어 옮기는 이들도 있다. 광주시에도 이러한 이유로 인구가 늘어나면서 머지않은 미래에 50만을 기록할 것이다. 새로 유입되는 인구 중에는 젊은층이 많아 광주시가 보다 활기차고 역동적인 도시화될 수 있기에 거는 기대가 크다. 그런 사람들 가운데 큰 사명감으로 지역사회에 대해 관심을 가지고 자신의 역할을 기꺼이 맡아 하려는 이들이 있다. 마경희 씨도 그러한 사람이다. 성남에서 살다가 딸아이와 물안개 피어오르고 풀냄새 물씬 나는 뚝방을 걷고 물가도 기웃거리며 물고기처럼 자유롭게 살고 싶어 산과 물과 자연이 잘 어우러진 광주로 10여 년 전에 삶터를 옮겼다.

　마경희 씨는 경기도에서 시행하는 따복공동체(따뜻하고 복된 공동체)에 TF팀으로 참여하며 설립멤버로 활동한 훌륭한 인재다. 시민 한 사람 한 사람의 개인사가 결국 사회문제가 된다는 생각으로 지역의 주민으로서 할 수 있는 일에 관심을 갖기 시작했던 그녀는 이미 마을 만들기 사업을 통해 다년간의 경험을 쌓은 터였다.

　그녀가 처음 활동했던 지역은 수원시다. 농촌형 마을 만들기 일번지가 전북 진안이라면 수원시는 도시형 마을 만들기 사업의 일 번지라 할 수 있는데 이는 시장의 지대한 관심 하에 시의 전폭적인 지원이 있었기에 가능한 일이었다.

예를 들자면 마을 만들기 사업을 통해 변화된 지동과 행궁동이 있다. 이 두 지역은 오래된 낡은 주택들이 밀집된 곳으로 각종 범죄에 쉽게 노출되었고 낙후된 시설로 생활환경이 열악한 지역이었다. 그러나 주민들의 적극적인 참여로 마을은 변화되었고 현재는 수원의 대표적 관광명소가 되었다. 수원시의 성공은 시의 충분한 예산지원도 큰 역할을 하였지만 무엇보다 주민들의 역량을 높일 수 있는 환경을 조성해 주었던 점이 큰 이유라고 할 수 있겠다.

경기도의 따복공동체는 바로 수원시의 마을르네상스를 모델로 시행된 사업이다. 마경희 씨는 마을 만들기 사업과 따복공동체 등의 활동을 통해 시민 한 사람 한 사람의 지역을 향한 관심이 실제로 시정에 얼마나 큰 변화를 가져올 수 있는지 직접 체험했다. 그러했기에 보수도 없는 일에 수 년 동안 자신의 열정을 바치고 있는 중이다.

그녀는 현재 용인시의 마을공동체위원회에서 위원으로 활동하고 있다. 용인시의 경우 마을공동체 사업에 별 관심이 없었으나 한 시의원이 나서 동료 의원들을 설득하여 조례를 만드는 등 마을공동체 사업을 위한 기초를 다지고 있는 중이다.

그녀가 일을 하면서 자주 듣는 질문이 있다. 어찌 살고 있는 광주는 도외시하고 타 지역에서 일을 하느냐가 그것이다. 충분히 궁금해할 수 있는 지적이다. 그녀가 광주시민으로 살면서 피부로 접한 광주는 마치 고여 있는 물 같았다고 한다. 시민과 자치

단체가 어우러져 보다 살기 좋은 도시를 만들어가려는 움직임이 보이지 않았다. 주민의 의사와는 무관하게 진행되는 행정과 무관심으로 등 돌리는 시민들, 활력이 느껴지지 않는 도시가 바로 광주였기에 그녀가 활동을 하기에는 너무나 암담하게 느껴졌던 것이다.

그렇지만 이제라도 약간의 바람만 불어준다면 광주도 충분히 발전가능성이 있다고 본다. 자신의 생각과 성향이 뚜렷하고 활동력 있는 고학력의 젊은 세대들이 다수 유입되고 있는데 그들이 일할 수 있는 환경이 주어진다면 마경희 씨처럼 충분히 역량을 발휘할 수 있는 인재들이 광주지역 곳곳에서 나설 수 있기 때문이다. 그러므로 보다 나은 광주의 내일을 위해서는 주민 스스로 나서서 일 할 수 있는 여건을 만들어 주는 것이 가장 중요하다. 다수의 시민들의 의견을 무시하고 행정이 일방적으로 끌고 가는 방식으로는 주민들의 자발적 참여를 이끌어내기 어렵다.

마경희 씨는 주민들이 직접 지역문제에 참여할 수 있는 방법 중 하나로 대규모 원탁토론을 예로 든다. 원탁토론이란 사회자 없이 참석자 모두가 동등한 입장에서 자신의 의견을 말하는 토론으로 주민들 개개인이 느끼는 다양한 문제점들을 제기하면서 해결할 수 있는 방법까지 모색할 수 있는 토론방식이다. 주민들은 이런 토론을 통해 지역사회가 당면한 문제를 인식하게 되고 대안 제시를 통해 해결방법을 찾는 과정에서 지역을 위한 관심과 참여를 이끌어낼 수 있기 때문이다.

이미 수원시에서는 300인 원탁토론, 500인 원탁토론 등을 시행하여 큰 호응을 얻은 경험이 있다. 시민들의 역량과 관심을 높여 주민과 관이 함께 머리를 맞대고 지역문제를 해결해 나갈 때 최선의 방법을 찾을 수 있을 것이다. 주민들이 필요로 하는 것, 그들의 삶에 아픈 곳과 가려운 곳을 가장 잘 아는 사람은 누구도 아닌 주민 자신들이기 때문이다.

마경희 씨는 2015년부터 광주에서도 마을 만들기와 따복공동체를 시행하기 위해 준비 작업을 하고 있다. 현재는 이런 사업에 필요한 행정적 절차를 도움 받기 위해 경기도청으로 직접 찾아가고 있지만 그녀의 바람은 광주시에서 마을공동체사업이나 따복공동체사업 등에 관심을 가져주는 것이다. 개인이 모여 마을을 이루고 마을이 모여 광주라는 커다란 조직이 형성되는 것이기에 시의 관심과 지원이 절대적으로 필요하다. 주민과 행정관청 사이에 또는 주민 서로 간에 신뢰관계 형성이 매우 중요하다.

신뢰란 짧은 시간에 형성되기는 어렵다. 오랜 시간이 필요하다. 즉시 보여지는 성과보다는 천천히 여물어가는 관계 형성을 통해 지역민들의 삶의 질이 높아질 것이며 살기 좋은 광주라는 잘 익은 열매를 기대할 수 있을 것이다.

아직도 오지 않는 그대의 그대가 되어
가녀린 꽃잎의 산국으로 깊은 향기를 짓다

너른고을문학회 회원

박경분

방송국 다닐 때 습관이리라. 가끔 오해 받는 일도 있지만 나는 본능적으로 사람을 만나면 이름과 나이를 물어 메모하는 습관이 있다. 예전에는 주소와 연락할 전화번호를 물어보았는데 요즘은 광주에도 토박이보다 외지인이 월등히 많아 고향이 어디인지로 바꿔서 물어본다. 너른 고을 문학의 박경분 회장을 처음 만났을 때 나는 그녀가 외지인으로 알았

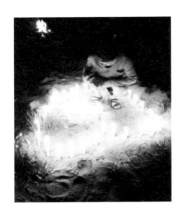

다. 젊기도 하지만 그녀의 얼굴에서 풍기는 느낌이나 말투에는
어디서도 케케한 냄새를 맡을 수 없었다.

　박경분 씨(1962년생)는 오포 문형리가 고향이다. 광주 토박이로
광주중학교를 30회로 졸업했다. 중학교 20회인 나로서는 10년
아래 새까만 후배. 이야기를 들으니 그땐 한 학년이 8개 반이었
는데 마지막 남녀공학이었다고 한다. 1남 2녀를 둔 그녀는 결혼
후에 윤리 교사인 남편을 따라 외지로 나갔다가 15년 전에 가족
과 함께 고향 문형리 부엉골 품으로 돌아와서야 아프고 무거웠
던 세월을 내릴 수 있었다.
　꿈을 향한 걸음이야 다소 늦은 감은 있지만 카메라를 메고 마
을 요기조기를 찾아다니며 시의 세계를 넓히고 있는 그녀. 사십
갓 넘어 돌아가신 친정어머니 빈자리를 채워주시던 고모님이 근
거리에 살면서 고모님의 사랑에 힘을 더해 '너른고을문학' 의 회

장직을 연임으로 수행하고 있다. 진보문학인들의 대표적 단체인 한국작가회의 광주시지부장을 겸직한 박경분 씨는 고향에서 대처로 나가던 유일한 길목 소따배기산을 넘던 풍경을 온통 가슴에 담고, 온갖 꽃들과 벌레들도 온통 아픔이고 사랑이어서 처연한 박꽃으로 피어나는 것이다. 어쩔 수 없는 한의 후손이라지만 그녀의 한은 본인도 알게 모르게 지극해서 우주의 한 점 너른고을이 환해지도록 역할을 다하고 싶다.

"참 열악해요. 지역의 문학 발전을 위해서 너른고을문학회의 회장직을 연임하며 연간지로 문학지를 발행하고 있는데 시에서 지원받는 발행비를 여타 기관을 통해 받다보니 고충이 크지요. 23년이나 된 너른고을문학회가 겨우겨우 회원들의 회비와 독지가의 일부 찬조로 이어 가지만 모임을 할 장소가 없어서 문학회의 한 회원이 내준 방에서 모임을 갖고 있어요."

재임 중에 정지리습지공원에 너른고을문학회를 응원하는 문단의 시인들과 회원들의 시화비를 세워 공원을 문화공간으로 탈바꿈하여 내방객들의 환호를 받고 있다.

박경분 씨는 지난해 밤 깊도록 추운 광화문 촛불광장에서도 촛불을 들었다. 광주 5·18민주화운동 기념식장에서도 매년 전국을 돌며 열리는 한국작가회의 행사장에서도 아픔이 깊게 배인 역사의 현장에서도 그의 숨결은 언제나 뜨겁다. 시처럼 이 가을은 아직도 오지 않는 그대의 그대가 되어 가녀린 꽃잎의 산국으로 깊은 향기를 짓겠다고 시인은 독백을 한다.

200만 불을 수출한 광주의 자랑

대한 플라테크 대표
박창환

　대한플라테크 대표. 광주시 향토기업. 광주시 유망기업. KB우등기업.

　나는 첫눈이 오던 날, 전 광주기업인연합회 회장을 역임한 그분을 만났다. 알미늄 창틀에 들어가는 까만 단열재를 생산하는 중소기업이다. 롯데 123층에도 이 단열제품이 들어갔고, 9·11테러로 유명한 뉴욕의 WTC 건물 창틀에도 박 회장이 수출한 제품 소재가 들어가 있다. 지난해 200만 불을 수출했다고 하니 듣는 나도 괜시리 자랑스럽고 뿌듯해진다. 그런데 그렇게 잘 나가는 박 회장에게도 고민이 있는 듯해서 깜짝 놀랐다. 기업확장 문제다. 생산 공간을 더 늘려서 장비도 들여오고 사람도 보강해야 하는데 딱 벽에 막혀 있다. 수도권정비계획법 등 규제법에 묶여서 옴짝달싹 못해 240평 밖에는 지을 수 없는 한계다. 나는 잠깐 이

야기를 들으면서 이런 생각, 저런 의문이 들었다.

　광주를 회색 도시화하는 CJ물류단지는 어떻게 허가를 냈을까? 거기는 규제법에서 자유스러웠을까? 요즘 타의 반, 자의 반으로 광주를 떠나는 기업이 늘고 있다. 그래서 때문일까? 눈물겹도록 기업을 도울 수는 없을까 생각했다. 박 일병을 구하고 싶다. 아침 일정을 포기하면서 밤을 새웠다.

이런 젊은이가 있어 광주가 발랄하고 깜찍하게 젊어진다

여성 축구선수
백시후

2017년 정유년 한 해의 마지막 날 아침

광주의 딸, 이 젊은이가 생각났습니다.

송정동에 살면서 여성축구회 선수로 활약하고 지난 가을 송정여성축구회 우승을 이끈 우수한 선수입니다.

그녀는 27살, 직업은 자동차 도장공

자동차를 너무 사랑해

서 선택된 직업….

　도장공을 직업으로 선택할 수 있는 이 젊은이처럼

　광주가 발랄하고 깜찍하게 젊어지고 있습니다.

　'V' 입니다.

농촌도 고소득을 올리며 살맛나는 세상이 분명히 온다

메뚜기 사육사
복현수

복현수 씨(84년 서울)의 꿈은 자신의 전공을 살려 한 살이라도 젊었을 때 시골에서 하고 싶은 일을 하며 살고 싶다는 마음이 점점 커지던 2년 전, 귀가 솔깃한 소식을 접했다. 미래 식량에 관한 TV방송이었다. 환경난과 식량난을 해결할 수 있는 미래의 식량은 바로 곤충이며 현재 곤충을 식용으로 사용하는 각 나라의 상황을 예로 들고 우리나라의 곤충 사육 현실을 심도 있게 조명하는 방송을 본 것이다. 이후 식용 곤충에 관해 큰 관심을 가지고 카페와 밴드, 인터넷 등을 검색해 보고는 몇 가지를 직접 키워보고 시식도 해본다. 그 결과 키우기가 용이하지 않고 키우는 사람도 흔하지 않아 부가가치가 높을 것으로 예상하고 메뚜기를 사육할 것을 결심한다. 카페와 밴드, 블로그를 통해 알게 된 화성, 양양 등 전국의 메뚜기 사육장을 찾아가 보았으며, 전라도

공기관에서 연구하고 펴낸 책을 구입해 나름대로 터득하면서 작
년부터 메뚜기 사육을 시작했다.

메뚜기는 현재 해충으로 분류되어 있어 사육을 하기 위해서는
허가를 내야한다. 메뚜기의 탈출을 방지하기 위한 시설을 갖추
어야 하는데 메뚜기가 외부로 유출되면 안 되기 때문이다. 복현
수 씨는 작년에 서하리에 50평 하우스를 임대했다. 작년 5월부터
양평 강가에서 아내와 직접 잡은 메뚜기 약충들을 길러 4,500개
의 알을 수확했으며 올해는 60평 하우스를 더 임대했다. 하우스
한 동에는 3곳에 망을 쳐서 부화 되는 순서대로 나누어 사육을

하고 있으며, 잔여 터에는 메뚜기 먹이용으로 옥수수를 기르고 있다. 메뚜기 사육 과정에서 일체의 약은 사용하지 않으며, 먹이가 빠르게 시들어 마르는 것을 방지하기 위해 수분을 먹이에 뿌려주고 있다. 비교적 대가 굵고 마르는 속도가 더딘 옥수수를 길러 먹이로 공급하고 있다.

복현수 씨는 메뚜기 사육에 있어 가장 어려운 점은 먹이 활동이 왕성해 사료 공급이 힘든 부분이라고 말한다. 메뚜기 사육이 대중화되기 위해서는 사료의 개발이 무엇보다 급선무라고 말하는 복현수 씨는 아직은 메뚜기 사육으로 인한 수익이 없는 상태다. 하우스 임대료와 생활비를 충당하기 위해 광주에서 안양까지 사료회사에 출퇴근하고 있다. 사육현장을 찾아가 보니 부화용으로 상토를 담아놓은 산란판에는 산란을 마치고 죽어 있는 메뚜기들이 수북했다.

비록 지금은 어려운 점이 많지만 메뚜기의 생산량이 많아지면 고부가가치의 미래 식량으로 재탄생될 것을 복현수 씨는 확신하고 있었다.

복현수 씨는 대학 4학년 때 휴학을 하고 코이카를 통해 축산 발전에 이바지할 목적으로 베트남에 1년 반 동안 봉사활동을 다녀왔는데 이것을 계기로 복학 후 다시 취업을 하여 베트남으로 파견을 나갔다. 그곳에서 2년 3개월을 근무했으며 직원으로 근무하던 아내를 만나 3년 전에 가정을 이루었다.

어릴 때부터 광주에서 살고 있는 그는 부모님과 한집에 살면서, 농촌도 고소득을 올리며 살맛나는 세상이 올 것을 굳게 믿는다면서 오늘도 메뚜기 사료용 옥수수에 맑은 물을 공급하고 있다. 복현수 씨의 꿈이 푸르게 영글기를 소망한다.

올바른 역사관을 가지고 현재를 살아갈 때에만
제대로 된 미래를 우리 후손들에게 물려줄 수 있다

시민역사모임을 이끄는 목사

윤영균

윤영균 씨는 서울이 고향으로 6년여 전에 벗들의 권유로 광주시민이 되었다. 대학과 대학원에서 역사를 전공하고 군 제대 후 장신대를 졸업한 윤영균 씨(목사)는 관계나 변화를 통한 돌봄으로 일터를 사역의 현장으로 삼아 3년 전부터 '시민역사모임'이란 장을 열어 시민들과의 공부를 이어가고 있다.

'시민역사모임'의 태동은 이렇다.

송정동에서 아원카페를 운영하는 벗의 "역사를 가르쳐주면 바리스타 과정을 돕겠다."는 제안에 바리스타가 그의 관심분야는 아니었지만 배워두면 괜찮겠다는 생각으로 서로에게 선생님이 되어 공부를 시작하게 되었고, 일주일에 한 번씩 하는 벗과의 공부가 3개월쯤 되었을 무렵 역사는 혼자 배울 일이 아니라는 벗의 열정적인 권유에 동조하는 10여 명이 모임을 결성해 오늘에 이

르렀다. 첫 수업의 테마는 충무공 이순신이었다. 8주간의 공부를 마친 후 이순신 장군의 전적지를 따라 현충사와 통영 거제를 거쳐 진해 해군사관학교, 해군기지사령부를 탐방하였는데 멤버들의 좋아하던 모습이 아직도 기억에 남아 있다. 그들 중 더러 멤버는 바뀌었지만 3년이 지난 지금까지 역사 공부는 쭉 이어지고 있다.

물론 수업료는 없다. 모임은 그의 봉사로 이루어진다. 기존의 금요일 모임 외에 새롭게 시작한 화요일 모임 그리고 수요일 모임의 회원들 대부분은 20~30대의 젊은이들이다. 대화의 장이 턱없이 부족한 현실에서 복잡하고 어려운 이야기를 털어놓을 수 있는 장이 펼쳐지니 서로에게 위안이 되기도 한다는 것이다. 수업은 모임별로 카톡방을 개설해 윤영균 씨가 올린 관련영상을 보고 난 후 만나서 토론하는 방식으로 이루어진다. 주로 삶의 주변부 이야기와 역사를 대비해 풀어나가는 발표 토론식 수업으로 회원들은 각자의 의견을 서로 존중한다. 현재는 윤 씨의 자택에서 수업이 진행되고 있다.

대통령에 대해 공부할 때는 우리의 민주주의는 어떤 방향을 지향해야 하며 역대 대통령 시대마다 그때 당시 우리는 무엇을 했는지, 민주주의와 자본주의의 양립은 어떤 의미이며 지금과 같은 방식에서 우리 삶은 어떤 폐해를 안게 될 것인지, 민주주의의 기원과 서양의 민주주의는 어떻게 이루어 나가고 있는지를 풀어가는 식이다.

나중 된 자가 먼저 된다는 말처럼 광주는 개발이 늦은 감이 있지만 오히려 그 점을 잘 살려 남한산성과 나눔의 집을 깊이 들여다보고 여타 시도와 차별성 있는 광주의 명물을 만들어야 한다고 주장한다. 또한 전통이 있는 전통시장을 계획해 보는 일 등 다방면의 의견들을 개진한다.

다양한 의견들을 아름답게 풀어낼 리더십이 필수이며 역량과 의식이 있는 젊은이들과 시민들이 많아졌으면 좋겠다는 것이 그가 모임을 지속적으로 하는 이유다.

현 정부에서는 5년간 1년에 10조 원을 도시재생사업에 투자한다. 광주시 또한 다른 도시와의 차별성을 살리면서 우리 고장의 역사를 지속적으로 발굴하고 지켜나가야 한다. 그러기 위해서는 의식 있는 시민들의 조직적인 참여가 중요하다.

　말하자면 물건만 파는 획일적인 전통시장이 아니라 씨름도 하고 꽹과리도 치고 각설이타령과 줄타기 그네타기도 하며 우리 것을 즐기는 공간으로 광장을 만들어 문화공연도 하고 시장 음식을 구입해 즐겁게 나누어 먹을 수 있는 공원을 세워보자는 의견이다.

　윤영균 씨가 이끌어가는 '시민역사모임'에서는 지난 상반기에 '조선의 왕들', '대한민국의 대통령들' 편을 진행했고, 하반기에는 '강대국의 조건' 편을 수업할 예정이다. '역사를 잊은 민족에게 미래는 없다'라는 말이 있다. 올바른 역사관을 가지고 현재를 살아갈 때에만 제대로 된 미래를 우리 후손들에게 물려줄 수 있을 것이다.

야생초의 이름으로 홀홀 아픔을 털고,
더 넓은 자연의 세상을 노래하는 살아있는 식물도감

시인
윤일균

윤일균을 알고싶다

오래전부터 시인 윤일균을 알았고 지금은 페북 친구지만 내가 그에 대해서 아는 건 거의 없다.

퇴촌과 서울을 오가며 아름다운 시를 쓴다는 것, 중부지방의 식물의 95%를 아는, 걸어 다니는 식물도감이라는 것, 그리고 하루 1만 보 이상을 걸으며 건강한 삶을 유지하는 불굴의 노력파라는 것 외에는 아는 게 없다.

그는 어제도 거침없이 식물도감 가이드 역할을 했다.

용인이 고향인 윤일균은 세상을 노래하는 시인이다. 20년 전 자신의 내면에 숨겨있던 본향의 그리움이 살아나 호수와 들판과 산이 어우러진 퇴촌으로 삶터를 옮겼다. 꿈에서조차 지천에 널린 아픈 생명을 만나고 싶다는 간절함을 이룰 수 있었다. 무심히

발끝에 흔히 차이는 야생초 한 포기도 연인처럼 이름을 불러주며 스스로 위로받는 나날을 보내다 보니 그는 '걸어 다니는 식물도감' 이라는 애칭을 너른고을 광주 땅에서 받게 되었다.

한국작가회의 전신인 민족문학작가회의 시절 고은 시인을 초대회장으로 모시고 한국문학평화포럼을 결성하여 뜻깊은 일을 실천하던 시절부터 전국노동자들이 부당함과 맞서는 곳을 찾아 함께 했고 아프고 소외되고 외롭고 쓸쓸하고 그늘진 곳을 찾아 위무하는 자리엔 늘 그가 있었다.

"돌아보면 저는 부당하게 해고된 노동자의 투쟁현장이나 세월호, 광화문광장을 뜨겁게 달구었던 촛불 현장, 백남기 농민 추모

농성장을 다니며 어려운 이웃과 함께 했습니다. 요즘은 퇴촌 광주의 자유인이 되어 산과 물가와 논두렁 밭두렁을 누비며 나무와 풀과 꽃과 곤충을 비롯한 온갖 뭇 생명들과 연애하는 새로운 맛에 세상이 즐겁습니다."

　요즘 그는 각별히 좋아하는 퇴촌의 산야와 정지리 습지생태공원과 퇴촌인공습지, 팔당호 변을 하루에 1만 보 이상 걷다보니 이곳 자연생태에 관한한 박사가 되었다. 이곳 논과 밭의 온갖 생명들을 찾아내고 어디에 무슨 식물과 어떤 곤충과 수서생물이 서식하는지, 꽃은 어느 시기에 피는지를 관찰해 카메라에 담아내고 이를 SNS를 통해 알린다.

스무 살에 우리나라에 최초 유기농을 받아들인 정농회의 원년 멤버이다 보니 지나다 제초제를 뿌린 논두렁이라도 발견하면 그의 눈빛에는 슬픔이 어린다. 밀림의 나무 한 그루 스러지는 것이 안타까워 아직 시집 한 권 못 냈다는 그다. 그러나 여름 천렵행사를 열어 문단의 내로라하는 글쟁이들을 불러 냇가에서 물고기 잡고 매운탕을 끓여 한여름의 낭만을 누리며 목청 높여 불의를 질타하고 시국에 맞서는 시낭송으로 상처받은 마음들을 위무한다.

몇 해 전 큰 시련이 닥쳤을 때는 세상과 인연의 고리를 끊어 가까운 지인들을 한없이 가슴앓이 시켰으나, 지금은 야생초의 이름으로 훌훌 아픔을 털고 더 넓은 자연의 세상을 노래하고 있다.

자연을 가까이하는 생태교육은 심신을 안정시키고
배려심이 싹트는 인성교육이다

또래어린이집 원장
이은숙

경기도 광주시 초월읍에 있는 또래어린이집이 부럽다. 맘껏 뛰놀 수 있는 잔디마당, 흙을 만질 수 있는 놀이터, 그리고 뒤뜰에는 350평에 달하는 넓은 자연생태 텃밭이 있어서 얼마든지 아이들이 자연과 만날 수 있다. 텃밭에는 그야말로 각가지 보물들이 숨겨져 있다. 우리 밥상에서 만나는 채소들과 채소 친구들이다. 그리고 그 자연 속 어린이들과 함

께하는 또래어린이집의 이은숙 원장.

초월읍 산수로 93번지에는 아이들이 직접 심은 꽃밭과 100여 평의 예쁜 잔디마당과 고구마, 감자, 배추, 고추, 오이, 호박 등을 심어 아이들의 건강밥상을 안전하고 풍요롭게 해주는 350여 평의 자연생태 텃밭과 흙을 만질 수 있는 놀이터가 있는 곳이 있다.

울타리에는 감나무 서너 그루에 대봉이 탐스럽게 익어가고, 대추는 최고의 단맛으로 연신 객들의 손을 부른다. 토끼풀, 민들레, 강아지풀 등 온갖 풀들까지 꽃 피우고 열매 맺으며 아이들과 함께 토실토실 영글고 있는 곳. 바로 '또래어린이집'이다.

광주시에서 어린이집 운영은 23년째, 현 또래어린이집에서는

15년째 운영을 하고 있다. '또래어린이집' 이은숙 원장(69년생)은 남편(배정용)과 함께 직접 유기농 농장관리를 하며 영유아의 생태교육을 하는 야무지고 따스하고 부드러운 원장선생님이다. 마침 찾아간 날은 추석을 앞두고 1년에 한 번 조부모님을 모시고 송편을 빚는 날이었다. 할머니 세대가 전통송편을 잘 빚는 마지막 세대 같아 매년 치르고 있는 행사란다.

어느 해인가는 부산과 논산에 사시는 할머니께서 오셨고 올해에는 청주에 사시는 할머니께서 손녀를 위해 기꺼이 오셨다. 이날 열세 분의 할머니가 오셨는데 손주들을 옆에 끼고 추석에 대한 이야기와 송편의 의미를 도란도란 나누며 즐거운 시간을 보내고 있었다. 할머니들은 송편을 빚으며 아이처럼 깔깔 웃으시고 좋아하신다. 이은숙 원장과 함께 다례수업과 송편 빚기를 체험한 아이들은 그녀가 나눠준 송편을 받아들고 신바람이 나서 귀가 차량에 오른다.

귀갓길 아이들 손에 들린 송편은 먹거리에 앞서 아이들의 성취감이다.

매년 4월 초에 감자를 심는데 씨눈이 있게 자른 감자를 탐색 관찰하고 아이들이 직접 심어보도록 교육한다. 왜 씨눈이 있게 잘라야 하며 깊이 심어야 하는지 설명을 들으며 손수 감자를 심는 아이들은 엄마도 모르는 '씨감자' 이야기가 신비스럽다.

텃밭에서 달팽이나 벌레 잡는 체험을 하는 아이들에게 구멍 숭숭 난 배추를 보여주며 벌레들이 좋아하는 채소와 싫어하는 채소가 있는데 케일, 양배추, 브로콜리, 배추를 아주 좋아하고 파, 상추, 생강 등은 싫어한다고 설명하기도 한다.

밥상에 오른 반찬들이 얼마나 힘들게 키운 것인지, 농사짓는 게 얼마나 어려운지, 반찬을 만들어 주시는 엄마는 얼마나 고생하셨을지 생각하며 가리지 말고 골고루 잘 먹어야 한다고 설명하기도 한다. 그야말로 생생한 산교육의 현장이 '또래어린이집'이다.

흙이 있고 잔디밭이 있고 메뚜기와 방아깨비가 사는 텃밭에서 크는 아이들의 장점을 물으니 아무래도 정서의 안정과 풍부해지는 감성, 깊어지는 배려가 아니겠느냐고 되묻는다. 흙을 만지는 교육, 자연을 가까이하는 생태교육은 심신을 안정시키고 배려심이 싹트는 인성교육이다.

배려! 배려는 깊은 자존감이다. 그러한 것들을 바탕으로 6~7세 교육은 이은숙 원장이 직접한다. 효와 도자기의 고장인 광주의 특색을 알려주고 우리가 살고 있는 고장 광주가 어떤 곳인지 차를 마시며 예절을 배우는 유아 다례시간을 갖는다.

연중행사로는 감자캐기, 또래정원 가든파티. 봉숭아 물들이기. 온가족 운동회. 고구마 캐기, 대추 따기. 대봉감 따기. 아이들이 심고 가꾼 배추로 김장을 하고 있다. 비용을 지불해야 할 체험교육을 어린이집 텃밭에서 자체적으로 하다 보니 영수증이 없다고 인정을 받지 못하고, 유기농 신선한 텃밭 농작물로 음식을 하다 보니 물건을 산 자료가 없어 경비로 인정 해주지 않는 이런 현실

이 과연 정당하냐고 묻는 이은숙 원장.

감자나 고구마를 캐는 체험학습 후에 아이들이 직접 캔 것들을 서너 개씩 집으로 가져간 아이들은, 슈퍼에서 산 감자·고구마를 쪄줄 때는 거들떠보지도 않던 아이들이 내가 캔 것 빨리 먹게 해 달라고 조른다는 이야기를 들으며 보람을 느낀다. 어린이집을 방문한 시청 직원이나 평가인증 관찰자들이 잘 가꾸어진 잔디마 당과 넓은 텃밭을 보고 놀랄 때도 자부심이 생겼다고 한다.

개인이 토지를 매입해 건물을 짓고 운영하는 민간어린이집은 인건비와 운영비를 지원 받을 수 없다. 주기적으로 들어가는 개 보수 비용까지 개인이 부담하자면 어린이집 운영은 언제나 산

넘어 산이다.

2017년은 어린이집 운영 이후 처음으로 90명 정원에 80명의 원생만 등록했다. 신생아 수가 줄었고 살기가 그만큼 어렵다는 증거이다. 정원이 안 채워지면 경영이 어려울 수밖에 없다. 그럼에도 함께 일하는 선생님들이 장기근무를 하며 원장님과 같은 사명감으로 헌신해 주고 있어 어려움을 이겨내고 있다.

원감 선생님은 13년째 같이 일하고 있다. 10년 전 졸업한 원생이었던 아이가 찾아왔는데 당시의 담임선생님이 계시니 너무 좋아하는 모습에 원장인 그녀는 흐뭇해 했다.

아이들에게 좋은 것을 먹일 수 있다는 자긍심으로 이 일을 한다고 속삭이는 이은숙 원장님, 카페를 운영하는 남편이 보내준 커피가루를 벌레 퇴치제로 텃밭 배추에 뿌리는 원장님 눈망울에서 광주의 미래가 보였다.

꿀 따는 남자

이재근

곤지암읍 연곡리에 사는 이재근 씨(1950년 광주 출생)의 본래 직업은 수의사였다. 1969년부터 축협에 근무하면서 주로 소의 인공수정을 도왔던 이재근 씨는 양주축협을 시작으로 양평축협을 거쳐 80년에 광주축협으로 옮겨왔다.

연곡리가 고향인 이재근 씨는 1984년 곤지암에 가축 인공수정사 사무실을 내면서 본격적으로 축산마을이나 다름없던 광주 지역 가축의 수정을 돕고 소를 받으러 다녔다. 많은 사람들은 그가 없으면 큰일이 나는 줄 알았으며 사무실엔 궁금증을 풀러오는 사람들로 늘 만원이었다. 그가 가축 인공수정을 배우게 된 것은 첫 직장에서였다. 이천농고를 졸업한 이재근 씨는 졸업 후 원당에 있는 서삼능종마목장에 근무를 시작하면서 인공수정을 배우게 된다.

2년 후 축협으로 근무지를 옮기면서 인공수정을 돕게 되었다. 당시 곤지암에 자리한 경기도 종식장에서는 수정란 이식을 통해 쌍둥이를 임신할 수 있는 기술을 개발했던 시절이었다.

그가 양봉을 시작하게 된 계기는 축협에서 운전기사로 일하던 분에게 벌 한통을 선물 받으면서부터다. 이천농고 시절 학교에서 양봉을 배웠던 터라 자신감 있게 도전해 3년 만에 20통으로 늘렸다고 하면서 정성을 들이면 얼마든지 가능하고 한다. 하지만 세상에 쉽게 되는 일이 어디 있겠는가? '정성만 들이면'의 정성이 있었기에 가능한 일이었을 것이다. 하지만 안타깝게 3년 동안 늘려 놓은 20통의 벌들은 일주일여 만에 사라지고 만다.

여름철이면 희뿌연 연기를 내뿜으며 골목을 누비던 연막소독 때문이었다. 모기 등의 해충을 잡기 위한 연막소독의 성분은 경유와 살충제여서 벌에게는 치명적이었던 것이다. 당시에는 양봉을 생업으로 하던 때가 아니었기에 다시 시작할 생각 없이 빈 벌통만 놓아두었는데 다른 곳에서 분봉한 벌 두통이 그의 벌통으로 들어왔다. 그해 두 통을 다섯 통을 늘리기는 했으나 집수리를 하는 관계로 지인에게 보내게 된다. 그가 본격적으로 양봉을 시작한 것은 10년가량이다. 처음 5통으로 시작했는데 현재는 130통으로 늘었다.

요즘도 가끔 연막소독이 이루어지는 것을 보았기에 걱정스런 마음으로 물으니 지금은 보건소에 양봉업으로 신고를 해놓으면 소독 전에 미리 연락이 온다고 한다. 그리고 벌통이 있는 곳은

피해 소독하지만 전혀 소독을 하지 않을 수는 없어 벌이 집으로
다 들어간 저녁 8시 이후에 벌통 주위를 피해서 소독을 하면 피
해를 줄일 수 있다는 것이다. 무엇보다 보건소와 양봉업자 간의
소통이 관건이다.

농약 뿌린 곳을 다녀온 벌들은 벌통 입구에서 빙글빙글 돌다가
결국엔 죽는데 민망한 마음에 안타깝기만 하다고 한다.

벌의 수명은 45일 정도인데 꿀을 따기 위해 멀리까지 나갔다
오는 일을 쉬지 않고 반복하기 때문에 기력이 쉽게 쇠해 수명이
짧다고 한다. 벌통은 130통이지만 많으면 관리가 힘들어 봄이 되

면 50통만 남기고 나머지는 판매를 한다. 벌통의 시세는 해마다 조금씩 차이가 있으나 2016년 기준으로 20~25만 원에 판매가 되었다.

한때 30마리의 소를 키운 적도 있다는 이재근 씨의 말에 의하면 벌을 관리하는 일이 소 키우는 일보다 훨씬 어렵다고 한다. 벌이 워낙 예민하고 까다롭기 때문이라고 하며 특히 분봉할 때 관리에 소홀하면 도망을 가고 빈 벌통만 남는 경우도 있다. 대부분의 꽃이 지고 난 9월경부터 분봉 관리를 하는데 이때 관리를 잘해야 이듬해 꿀을 수확하는데 지장이 없다. 꿀은 1년에 4~5번가량 수확을 한다. 봄에 아카시꿀을 시작으로 잡화꿀과 밤꽃꿀 등 평균 4번을 따지만 밤꽃이 지고 난 후 다른 꽃이 많으면 한 번을 더 채취할 수 있기 때문이다. 양봉의 성패는 밀원이다. 특히 아카시나무처럼 꽃을 피우는 나무가 많아야 하는데 광주는 타지역에 비해 아카시나무가 부족한 편이다. 최고의 꿀은 밤꿀로 2.4kg 한 병에 6만 원 아카시아꿀이나 잡화꿀은 5만 원에 거래가 되며 주로 지인들을 통해 판매하고 있다.

작은 몸으로 봄부터 가을까지 열심히 꿀을 물어 나르며 일을 한 벌은 겨울에는 잠을 잔다. 양봉을 하다보면 어쩔 수 없이 설탕물을 주는 시기가 있는데 바로 이 시기가 그렇다. 동면에 들어가기 전 가을부터 10월초까지 먹을 수 있는 월동 먹이를 넣어주고 벌통에 포장을 치고 겨울을 난 다음 입춘 무렵이 되면 포장을 걷고 벌들이 무사히 살아있는지를 먼저 확인한다. 겨울을 잘 견디고 살아있으면 먹이와 물을 넣어주고 본격적인 관리에 들어간다.

벌들의 세계에는 엄격한 규율이 정해져 있어 집을 청소하는 벌이 있는가 하면 침입자로부터 집을 지키는 문지기가 있으며 열심히 먹이를 물어오는 일벌로 구성되어 자신의 일에 충실한 것이다. 무엇보다 벌을 보며 느끼는 점은 그들의 부지런함이다. 낮에 꿀을 물어오느라 바쁘게 일을 한 벌들은 잠을 자지 않는다. 꿀의 수분을 증발시키기 위해 날갯짓으로 밤을 새는 것이다.

현재 광주양봉협회에 가입된 회원은 70명가량이다. 양봉과 함께 우렁이를 이용한 친환경 벼농사도 짓고 있는 이재근 씨를 위해 일 년 내내 꽃향기 가득한 청정 광주를 꿈꿔 본다.

오페라를 통해 좁은 우물 안 세상을 벗어나
신세계를 선물하다

광주오페라단 단장
이정례

"2016년에 공연을 보고 얼마나 감동을 했는지 몰라요."

관음리에 산다는 이정순 씨의 말이다.

2016년 6월 30일 남한산성아트홀에서는 '삶과 꿈 그 희망의 노래'란 제목으로 제6회 경기 광주시 오페라단 정기연주회가 열렸다. 광주시민을 위한 전석 무료 공연이었다. 이 공연을 보았다는 이정순 씨는 휴대폰을 열어 행사 후 이정례 단장과 기념촬영한 사진을 자랑스럽게 내보인다. 다음 공연을 기다리고 있다는 그녀의 떨리는 목소리로 공연의 감동이 어떠했는지를 짐작할 수 있었다.

2017년 가을 제8회 정기연주회 '피가로의 결혼'이 남한산성 아트홀 소극장에서 열렸다. 공연을 관람하던 나는 울컥하는 마음을 주체할 수 없었다. 이렇게 품격 있고 멋진 공연이 내 고향 광주시민의 역량과 희생으로 무대에 오르다니… 이 척박한 땅에서 이런 기적을 만들다니…

이정례 단장의 이력을 보면

· 호주 국제음악대와 프랑스 애꼴노르말 아카데미 졸업
· 시드니 오페라하우스 초청 독창회
· 싱가폴 에스플라네이드 초청연주
· 미국 오렌지 키운시티 초청연주/미국 오바마 대통령 공로상 수상
· '라보엠', '토스카', '피가로의 결혼', '헨젤과 그라델' 주인공
· 인천성서신학대학교 교회음악과 교수 역임

소프라노 이정례 광주오페라 단장의 이력은 참으로 대단하다. 짧은 지면에 모두 소개하지 못하는 점이 아쉬울 정도다. 그녀는 광주시의 척박한 문화계를 개선하고 시민들에게 최고의 오페라 공연을 보여주려는 초심을 잃지 않으려고 노력한다. 무대마다 최고의 출연진을 초대하고 싶어 하는 그녀는 창단 이후 크고 굵직한 행사만 30여 차례를 치렀다. 출연료와 제반 비용 대부분을 사비로 충당 하다 보니 곳간은 진작에 텅 비고 튼튼하던 집 기둥을 하나둘 빼내기에 이르렀다. 이제는 그나마 남은 집의 대들보를 뺄 모양인데 여기에 이르도록 지켜보며 응원해 주는 남편이 그저 고맙고 미안하기 그지없다는 이 단장.

짧은 기간에도 불구하고 해외 인지도가 올라 시드니 연주까지

다녀온 광주오페라단. 광주오페라단과의 공연을 위해 국립극단 소속의 연출자와 지휘자, 단원들의 발길이 이어질 정도로 전국에선 위상이 높지만 정작 광주에서는 기관도 기업도 시민도 잘 모르는 오페라단이다. 그럼에도 공연을 보고 감동 받아 눈물 흘리는 관객들과 뉴욕메트로폴리탄 공연보다 훌륭하다고 말해주는 이들이 있어 이정례 단장은 오늘도 힘을 낸다.

오페라단에 전념하기 위해 교수직도 내려놓고 수입원인 공연도 포기할 수밖에 없다 보니 삶터는 변두리로 변두리로 점차 밀려나고 타고 다니던 자동차까지 처분한 그녀에게 이제는 우리의 관심과 응원이 절실할 때이다.

혼신을 다하다 보면 좋은 결과가 반드시 있을 것을 믿는 그녀가 자신의 의지를 믿고 그 길을 지치지 않고 성심껏 갈 수 있도록 언덕을 세워줄 일이다.

'피가로의 결혼' 공연을 성황리에 끝내고 시민들의 뜨거운 박수를 받은 이정례 단장은 시민들에게 삶과 꿈을 향한 희망의 노래를 선물하게 된 것 같아 기쁘다고 인사를 대신한다. 그녀의 뜨거운 열정을 존경하며 힘찬 응원의 박수를 보낸다. 척박하고 열악한 환경이지만 오페라를 통해 좁은 우물 안 세상을 벗어나 신세계를 선물해 주는 그녀가 다시금 자랑스럽다.

너른고을에 넝쿨째 굴러 들어온 광주 오페라단 이정례 단장. 그녀의 우물 밖 영역은 과연 얼마만큼일까? 서울 중앙무대에서 활약하고 세계무대에서 익힌 열정과 관록과 경험 아니면 불가한 일. '우물 안 리더십'으로는 생각조차 어려운 일이다.

봉선화처럼 늘 행복하시고
우리 꽃 봉선화를 널리널리 퍼트려 주세요

봉선화 연정

이종갑

"봉선화 대신 콩이라도 한 포기 더 심으라던 동네 할머니가 계셨어요. 그분 손톱에 봉선화 물 예쁘게 들여드렸지요. 눈이 마주치자 할머니 얼굴이 봉선화 빛깔로 발그레 피어나더라고요. 그리곤 슬쩍 앉더니 봉선화 밭에 풀을 뽑으십디다."

곤지암읍 신촌리에 들어서면 우리꽃 봉선화 화단이 끝도 없이 누이 같은 미소로 환하게 우리를 맞는다. 신촌리는 255번지를 기준으로 동네 입구부터 봉선화가 둘러싸인 봉선화 마을이다. 그곳엔 봉선화에 온통 혼을 빼앗긴 사내(이종갑 씨)가 살고 있다. 소금장수라는 뜻의 '염재'에서 봉선화의 다른 이름인 '만당'(봉선화를 만당홍이라 부르기도 한다)으로 호를 바꿀 만큼 이종갑 씨는 25년째 봉선화에 미쳐 있는 중이다. 허드렛물을 버리는 울밑 시궁창에서 주로 자라나는 봉선화는 빛깔 고운 꽃도 물론 예쁘지만 벌레와 뱀이 싫어해서 해충을 퇴치하는 역할을 하기도 한다. 또한 쿼세틴이라는 항산화 물질을 함유하고 있어 식중독균 등의 세균 번식도 막아주는 등 사람에게 매우 유익한 식물이다.

"꽃도 따고 잎도 따서 거기에 백반을 넣어 곱게 찧어요. 나는 엄마와 누나 곁에 앉아 풀향 짙은 모깃불 연기에 눈물을 흘리며 손톱에 봉선화 물을 들였지요. 등잔불 아래 모여 도란도란 꽃물 들이던 추억은 바로 사랑이었어요."

이제 막 초경을 시작한 사춘기 누이의 하얀 치마 밑에 몰래 넣어 기어코 누이를 울리고만 봉선화, 이종갑 씨에게 봉선화는 먼저 하늘나라로 가버린 야속한 누이가 생각나는 그리움의 꽃이다.

봉선화는 인도네시아가 원산지라지만 백제와 고려시대 문헌에도 명명되어 있는 것을 보면 이제는 우리 꽃이라 불러도 부족함이 없다. 근본도 모르는 외래 꽃과 개량종 꽃이 지천인 이 땅에 사랑과 추억과 한의 꽃인 봉선화로 삼천리 방방곡곡을 아름답게 물들이겠다는 만당 이종갑 씨의 희망을 누가 말리겠는가?

'당신도 꽃씨 달라고 하세요. 주소를 주며 손 내밀어 보세요.'

종갑 씨의 밴드와 페이스북엔 전화번호와 함께 꽃씨를 나누어 주고자 하는 열망이 담긴 광고가 연일 올라온다.

컬러 봉투를 만들어 거기에 봉선화 씨를 넣고 공손하고 겸손하게 손글씨를 쓴다.

"잊지 마시고 꼭 씨앗을 심어주세요. 사랑으로 관심 가져주시

면 꽃송이마다 행복이 주렁주렁 매달릴 거예요. 봉선화처럼 늘 행복하시고 우리 꽃 봉선화를 널리널리 퍼트려 주세요.”

당부와 함께 보내는 모든 비용은 그의 몫이다. 씨앗값은 무료 이며 택배비도 그가 부담하는 것이다.

2016년에는 초등학교 3,000여 곳에 씨앗 백만 개를 보냈고, 2017년에는 국회 생생텃밭 행사에 참여한 시민들에게 국회의장 이름으로 600개의 봉투를 전달했다. 전국 9,300여 곳에 씨앗을 보냈는데 이 또한 모두 자비 부담이다.

그의 극진한 봉선화 사랑으로 인해 광주시는 그동안 신촌리를

행복마을 가꾸기 사업 마을로 지원했으며 드디어 올해는 따복공
동체(따뜻하고 복된 공동체)에 선정되는 영광도 안았다.

　'염재'라는 호에서 알 수 있듯 그는 50년에 이르는 소금장인이
다. 봉선화의 쿼세틴이라는 항산화물질이 기름지고 비린 맛을
잡아주며 느끼함도 줄여준다는 것을 알고 특허를 내게 되었고
봉선화 소금을 개발하기에 이르렀다.

　'봉선화 양치죽염소금', '봉선화 미용죽염', '봉선화 함초소
금', '봉선화 마늘소금', '봉선화 왕소금', '봉선화 표고죽염'
등 맛과 기능에서 최고의 소금을 만들어 전량 수출을 한다. 역으
로 해외에 살면서 잠시 고국을 다니러 오는 이들이 사오는 선물

에 봉선화 소금이 꽤나 인기라는 말도 들려준다.

집집마다 학교마다 관공서에도 군부대에도 길거리에도 베란다에도 광장에도 강변에도 우리 땅 어느 곳이나 우리의 꽃 봉선화가 붉게 피어나는 그 날까지 만당이시여! 아픔 홀홀 털고 건강하시라.

생태계를 지키고 전 세계 기아 문제를
해결할 수 있는 비결은 바로 식용 곤충이다

쌍별귀뚜라미의 대부

이종용

어릴 적 가을이 되면 툇마루 밑에서 들리던 귀뚜라미 소리를 요즘은 사시사철 들을 수 있다. 너른고을 광주. 곤지암에서 열미리 쪽으로 가다보면 오른쪽에 도축장이 나타나는데 그 근처에서 귀뚜라미를 사육하고 있는 분을 만날 수 있다. 이종용의 원래 직업은 설계와 측량인데, 미래식량에 대해 심취하다가 귀뚜라미를 만나게 되었다. 연간 1억4천만 마리를 키우는 별 다섯 대장이다.

"영화 '설국열차'에 사람들이 주식으로 먹는 양갱 모양의 블록이 등장하는데 놀랍게도 양갱의 원료는 바퀴벌레입니다. 공상과학영화에서나 등장하던 곤충식량이 현실에서 일어나고 있는 것이죠. 이제 미래 인류의 대체식량으로 귀뚜라미도 각광을 받을 날이 올 겁니다."

하기사 곤충을 어찌 먹을까 난감하지만 우리가 간식거리로 즐겨먹던 번데기도 바로 벌레이다. FAO(유엔식량농업기구)는 곤충을 작은 가축이라 이름 붙였다. 사람이나 애완동물의 먹이로 이용되는 곤충은 전 세계적으로 대략 3,600여 종이나 된다고 한다. 그래서 요즘은 곤충경제라는 말이 생겨날 정도다. 특히 광주는 갈수록 오염문제로 한우나 돼지사육은 힘들어지게 된다. 하지만 귀뚜라미 사육은 오염이 없어서 너른고을 광주에 적합하다는 것이다.

세계보건기구에서 곤충을 미래 식량으로 선포한 이유는 환경오염이 적으며 소나 돼지, 닭보다 단백질이 3배 이상 많기 때문이다. 100g 기준으로 소고기는 단백질 함유량이 18%인 반면에 귀뚜라미는 60%나 된다. 소고기1kg을 얻으려면 물이 15,000리터가 들어가지만 동일한 양의 단백질을 얻기 위해 키우는 식용곤충은 종류에 따라 0~3,700리터만 필요한 정도이니 비교가 안 된다.

이런 세계적인 추세를 읽은 이종용(서울 송파 출생) 씨는 식용 곤충에 관심을 갖게 되었고 병충해도 없고 적은 사료와 물로 작은 공간에서 대량생산을 할 수 있는 쌍별귀뚜라미를 선택해 200여 평의 하우스를 얻어 생산하고 있다. 200여 평의 하우스에 3~4층으로 생산라인을 완성하면 약 700여 평이 되는데 이곳에서 한 달이면 건조한 귀뚜라미를 500kg 정도 생산할 수 있다고 한다.

현재 건조한 귀뚜라미 가격이 1kg에 50,000원인데 500kg × 50,000원=2,500만 원으로 상당한 고소득이다. 건조 귀뚜라미

1kg은 약 30,000마리의 귀뚜라미가 필요하다. 인건비 사료 등 제반 경비를 제하더라도 바람직한 소득 창출로 이어진다는 것이다.

귀뚜라미가 소득원으로 부각되자 많은 농가가 사업에 참여했으나 최하 100평 이상의 하우스를 운영해야 월 250~300만 원의 소득을 올릴 수 있는데 반해 농가의 40~50%가 겨우 60여 평 미만의 하우스에서 키우다 보니 소득 창출이 어려운 상태다.

우리나라 토종 왕귀뚜라미는 가을에 산란을 해 6개월 이상을 알로 동면을 하며 부화 후에는 3개월을 살고 죽지만, 쌍별귀뚜라미는 23~27도의 온도만 맞추어주면 7~15일 만에 부화를 한다. 부화 후 45일이면 100여 개의 알을 낳으며 3개월 동안 두 번의 알을 더 낳고 죽는다.

종자가 필요한 경우를 제외하고는 영양이 최고 상태인 한 번 산란한 성체를 잡아서 물로 3시간쯤 세척한 다음 건조기에 15시간을 말려 상품으로 쓴다. 이런 이유로 대량생산이 가능하며 이종용 씨는 몇 개월의 시행착오를 거쳐 현재 1억5천만 마리의 쌍별귀뚜라미를 키우고 있다.

이종용 씨는 판로가 수월하고 이익을 극대화하기 위해 연합체를 결성하고 있다. 식용곤충을 필요로 하는 대기업과의 힘 있는 대화를 위해 식용곤충협회를 추진하고 있으며 현재 경기 충청권 쌍별귀뚜라미 농가 105곳과의 협력을 도모하고 있다. 앞으로는 귀뚜라미뿐 아니라 모든 식용곤충 사육농가들과도 힘을 합칠 계획이다.

얼마 전 안산시에서 포럼을 개최했는데 한미양행 대표가 나와서 말하기를, 현재 식용곤충을 이용한 20여 가지의 제품을 만들고 있으니 협회든 단체든 어서 한 목소리를 내어주길 원하며 매달 몇 톤씩이라도 일정한 양을 맞추어 줄 것을 요구했다고 한다.

일본에서도 생산 전량을 요구하고 있으며 동남아에는 나갈 물량이 없어 시도조차 못하고 있다. 유통상들의 중간마진으로 골탕을 먹는 농민과 소비자의 사례를 익히 알고 있기에 유통상에게는 끼어들 자리를 결코 허락하지 않겠다는 이종용 씨다.

한이 서린 농사는 이제 그만하고 즐겁게 부부가 일을 해서 적절한 수입을 창출할 수 있는 간결한 시스템을 구상 중이라고 그는 말한다.

귀뚜라미 농장으로 안내를 받아 들어가니 고소한 냄새가 가득하다. 그가 건네주는 건조된 귀뚜라미의 맛은 간이 잘된 육포처럼 감칠맛이 났다. 계란판을 집으로 이용한 사육장과 탈피에 어떤 작용을 하는지 실험을 하고 있는, 천으로 된 사육장 안에는 짝을 부르는 귀뚜라미들의 울음과 먹이와 물을 먹고 있는 왕성한 귀뚜라미들의 움직임이 미래의 희망으로 다가왔다.

식용 곤충을 활용한 메뉴는 날로 늘어나고 있으며 빵, 파스타, 피자반죽, 과자, 떡볶이, 비빔밥, 아이스크림, 수제쿠키, 감자튀김, 스프, 라면, 핫바, 홍귀액기스(홍삼과 귀뚜라미), 의약품, 건강보조식품, 화장품 원료, 각종 영양제 첨가 등 끝이 없다. 같은 양의 사료로 소나 돼지 등의 가축보다 훨씬 많은 양의 단백질을 얻을 수 있는 식용 곤충, 생태계를 지키고 전 세계 기아 문제를 해결할 수 있는 비결이 바로 여기에 있었다.

주민들 간의 커뮤니티 공간을 확보하기 위해 문제를
해결할 수 있는 지역 활동이 필요한 정책을 펼쳐야

한국 지역재단협의회 회장
장 건

서울에서 활동하면서 참 다양한 사람을 만났다. 장건도 그중
한 사람이다. 오래전 성남에 도시농업을 접목하기 위하여 접근
하는 과정에서 그를 알게 되었는데, 그는 생협의 대부 같은 인물
로 오랜 기간 성남을 기반으로 사회활동을 하는 사회운동가다.

그래서 장건하면 성남사람으로 알고 있었는데 그게 아니다.
언젠가 광주 사회활동 현장에서 그를 만나는 과정에서 그가 광
주시민이란 걸 확인하게 되었다. 광주에 터를 잡고 산 지 벌써
20년째라고 한다. 분당의 아파트 생활을 힘들어하는 어머니를
위해 공기 좋은 곳을 찾았고, 곤지암읍 장심리 농촌에 집을 지
어 이사 왔단다. 그를 자주 만나니 그의 활동했던 내력이 이제
는 훤해지고 요새는 광주에 대한 이야기도 터놓고 할 정도로 친
해졌다.

그의 생협활동은 외대 교직원이었을 당시 일본 여행길에서 생협 협동촌을 방문하여 그곳의 생활을 보고 들으며 우리나라에도 생협의 필요성을 느끼면서 시작하게 되었다. 그리고 본격적인 생협 운동을 하기 위해 25년간 일하던 직장을 은퇴하고 2005년부터 2008년까지 생협 전국연합회장을 맡아서 장심리에서 마포 생협 사무실까지 출퇴근하는 수고를 한다. 그는 전국적으로 생협 활동을 하는 곳이 많이 있지만, 광주는 정보조차 얻기 어려울 정도로 생협 활동에 깜깜한 상태라고 안타까워했다. 성남은 현재 인구 100만의 대도시로 기존 도심 지역과 강남벨트로 분류되는 분당, 그리고 첨단 IT산업단지인 판교까지 다양한 계층들이 모여 있는 곳이지만, 그들 각자가 필요로 하는 것들을 잘 아우르며 빠르게 성장하는 도시 중의 한 곳이 되었다고 한다.

　지역운동도 마찬가지다. 어느 지역보다 자신들이 사는 지역에 필요한 것들을 지역민들의 힘으로 해결해 나가는데 앞장서고 있는 곳이 성남이란다. 이미 서울대병원이나 차병원 같은 대형병원이 있음에도 시민들의 끈질긴 요구로 510병상의 매머드 시립병원을 현재 건립 중에 있다. 이에 반해 광주에는 변변한 대형병원 하나가 없다고 충고한다. 대학 역시 마찬가지다. 광주에 이슈가 되고 있는 물류단지 말고 그 지역의 특성에 맞는 정책이 필요하다고 한다.

　그는 광주의 교통문제, 난개발 등의 여러 가지 문제를 수시로 끄집어내곤 한다. 건강한 먹거리를 위한 운동으로 우리의 로컬

푸드 운동도 일본의 지산지소 활동처럼 잘 전개되었으면 하는 바람을 피력했다. 광주는 타 도시와는 다른 광주만의 특성이 있다. 주거환경에서 아파트 못지않게 빌라가 많다는 특성이다. 빌라공간에도 도서관이나 어린이집 등 주민들간의 커뮤니티 공간을 확보하기 위해 그런 문제를 해결해 나갈 수 있는 지역활동이 필요한 정책을 펼쳐 나가야 한다.

아름다운재단은 한국에 처음 지역재단의 개념을 시작한 박원순 서울시장의 권유로 결성한 게 지역재단이다. 2017년 11월 22일 자 경인일보에는 최근 그의 활동이 나타나 있다. 한국지역재단협의회는 지난 21일 서울 중구 페럼타워에서 창립총회를 개최했다.

김부겸 행정안전부 장관과 원혜영 국회의원, 박원순 서울시장, 이재명 성남시장, 이정구 성공회대 총장, 김제선 희망제작소 등이 대거 참가했다. 장건 한국지역재단협의회장은 인사말을 통해 "모든 경제적 사회적 토대가 중앙으로 쏠림현상을 가지고 있는 우리나라 현실에서 지방으로의 분권은 굉장히 필요한 부분"이라며 "한국지역재단협의회의 출범이 지역변화를 이끄는 촉매제로서 새로운 변화와 성장의 마중물이 되기를 기대한다."고 인삿말을 했다.

그는 성남 이로운재단 이사장이라는 직함에 한국지역재단협의회 회장 직함을 추가했다. 앞으로 장건 이사장이 중앙무대에서 펼치는 좋은 활동이 이제는 광주에서도 접목을 기대할 수 있어서 기분이 좋다. 2018년은 이래저래 좋은 운이 많은 해이다.

윤리를 철학 수준으로 가르치고,
참다운 선생이 무엇인가를 고민한다

윤리교사

조애순

노량진 강가 작은 마을에서 태어난 조애순(1957년) 선생은 어릴 때 놀던 강에 대한 기억이 깊다. 길 앞잡이를 따라가다 보면 어느새 다다르는 노량진 강가 나루터는 여느 강처럼 언덕배기가 있고 고운 모래사장이 펼쳐지고 맑은 물이 흐르는 자연스럽고 평온한 강이었다. 철교를 달리는 기차의 쇳소리는 무서웠지만 물에 떠있는 불 켜진 놀잇배에서 들리는 아저씨들의 노래는 낯설지만 신기했다.

초등학교 수업시간에 강이 하도 보고 싶어 친구들과 무작정 강가로 달려가 고무신을 뒤집어 배를 만들고 모래를 실어 띄우기도 하고 두꺼비를 불러 헌집과 새집을 바꾸기도 하였으며, 납작한 돌을 골라 물수제비도 뜨면서 불안과 두려움과 희열이 교차하던 순간도 맛보았다. 어린 시절부터 강에 마음을 뺏기면서, 훤

히 들여다보이는 물속 모래알들의 반짝거림과 바람에 일렁이는
물알갱이들의 반짝임에 저 수면 너머가 아득히 먼 세상으로 느
껴져 그곳엔 누가 살까, 어떤 세상일까 늘 궁금해했다.

비 오는 날은 우산을 쓰고 웅크리고 앉아 좋아하는 빗소리를
끝없이 들었다. 비! 물! 강! 흐르는 것에 마음을 빼앗긴 날들이
길게 이어졌다. 중학생이 되고난 후, 어느 집에서 장식용으로 책
꽂이에 꽂혀있던 문학전집을 만나게 되면서 책을 읽기 시작했는
데 그때부터 자연스럽게 책을 읽는 것이 생활화되었다.

책 한 권이 손에 들어오면 다른 책이 다가올 때까지 상상하고
연상하며 보고 또 보고 수십 번도 더 보았다. 식물도감, 동물도
감, 디자인도감 등 출처도 기억이 없는 책들을 유심히 곱씹어 보

면서 사춘기를 맞았다. 중1부터 6년 동안 짝사랑의 성장통을 앓으면서 일기를 쓰며 풍부한 감성으로 시를 쓰기 시작한 것이 이때부터다.

고등학교 때는 책의 종류를 가리지 않고 아무 책이나 읽는 난독으로 이어져 남산도서관 책 목록을 무작위로 적어놓고 하나씩 지우는 재미에 빠져 살았다. 책을 읽다가 집으로 돌아가는 길이면 자신의 몸이 한 뼘은 둥둥 떠서 움직인다는 것을 느낄 정도로 그의 정신은 다른 세상을 살고 있었으며, 그때 그의 가슴에 깊게 새겨진 정신은 성인이 되어서도 길게 이어졌다.

그의 책읽기는 철학으로 이어져 니체, 카뮈, 사르트르를 읽으며 실존주의의 영향을 받게 되었고, 생텍쥐페리를 좋아해 어린 왕자를 원어로 읽어보고 싶은 욕심에 불어를 공부하게 되었다. 31세에 자살한 천재작가 전혜린을 만나고서 그의 여동생 전채린을 알게 되었고, 그녀를 만나야겠다는 일념으로 전채린이 근무하는 공주사범대학을 들어간다.

고고 때 친구 중에 연극평론가가 되고 싶다는 친구가 있어 연극이 무엇인가 궁금하여 연극 동아리를 찾아갔고, 그곳에서 지도교수로 있는 전채린을 극적으로 만나게 되며 오랫동안 인연의 끈이 이어진다. 당시 연극반에서 연습 중이던 고성오광대를 처음 접하면서 사회의식과 문화적 충격을 받았고 그로 인해 세상을 향해 눈을 뜨는 계기가 되었다. 연극이 자신의 8할을 키웠다고 말하는 그녀는 숱한 이념 서적을 가까이 하게 되었으며 대학생활은 연극과 데모로 바람처럼 지나간 시간이었다.

교육학은 전공이 정해져 있지를 않아 윤리교사로 첫 발령을 받은 조애순 선생님은 윤리교사가 싫었으나 판에 박은 윤리의식보다는 철학이 담긴 의식을 가르치다보니, 이제는 윤리를 철학 수준으로 가르치게 되었고, 지금은 윤리교사로 살아온 날이 한없이 자랑스럽다.

1983년 3월 1일 광주 중앙고의 전신인 광주종합고등학교에 첫 발령을 받아 그 해부터 공작실에 단을 만들고 조명을 달아 연극반을 운영했으며 첫 작품으로 천승세의 '봇물은 터졌으라우'를 무대에 올렸다. 이후 그녀는 정열 하나로 부임해 가는 학교마다 연극반을 만들었다. 포기하지 않는 근성이 어디서 왔는지 모르지만 연극, 자녀, 교육 어느 하나도 놓지 않고 최선을 다했다. 극한으로 힘이 들어 '악' 하고 단발마를 지르면서도 일기를 썼고 간혹은 시도 썼다.

그녀는 2000년 한국교사연극협회에 가입을 한다. 늘 중압감으로 힘이 들었는데 이젠 혼자가 아니로구나 위로가 되어 먼 거리를 오가면서도 즐거운 마음으로 무대에 오를 수 있었다. 그런 그녀가 또 한 번의 큰일을 해낸다. 그동안 배운 것을 바탕으로 하남 광주의 뜻있는 선생님들을 규합해 '걸음교육극단'을 창단한 것이다.

지난봄에는 12명의 선생님과 '원미동 사람들'을 공연했다. 그녀의 삶에서 연극이 떠난 적이 없듯 참다운 선생이 무엇인가를

고민하면서 만든 전교조 초창기 멤버로서 그녀의 교직생활에서
떼려야 뗄 수 없는 자식 같은 동반자이다. 언제나 뜨거운 열정으
로 살아온 조애순 선생님.

배고프던 시절, 시래기죽 한 솥을 끓여
식구들의 허기를 메꾸던 우리네 어머니 같은 사람

따뜻한 정이 있는 시인

허정분

세상에는 아름다운 이름도 많지만 정분이란 이름만큼 아름다운 이름이 또 있을까 싶다. 정분 씨! 정분 씨! 열 번 백 번을 불러 봐도 언제나 참 곱고 정겨운 이름이다. 그 정겨운 이름의 주인공 허정분 여사. 정분 씨! 하고 부를 때 활짝 웃는 얼굴에서조차 시가 읽히는 광주의 대표적인 토종 시인이다. 곤지암읍 벌열미에서 농사를 지으며 틈틈이 시를 쓰는 그녀는 집에 온 지인들에게 무엇이든지 먹이고 싶어 하고 또 무엇이든지 들려 보내고 싶어 종종거리는 모습에, 보는 입장이 민망할 정도다.

다시 생각해 봐도 그녀와 인연이 닿은 십여 년의 세월이 뿌듯하다. 1996년 문학에 뜻이 있는 사람들을 모아 너른고을문학회란 이름의 장을 열어 이십이 년이 지난 오늘에 이르도록 모든 일마다 늘 앞에 서 있는 정분 씨는 1998년 첫 시집 《벌열미 사람

들》을 펴낸 이후 《우리 집 마당은 누가 주인일까》(2005), 《울음소리가 희망이다》(2014), 자전적 에세이 《왜 불러》를 출간한 한국작가회의 소속의 중견 시인이다.

어느 날 앵두나무, 보리수, 대추나무, 호두나무, 고추나무, 참취, 모시풀 그리고 오이순으로 불리기도 하는 고광나무, 참나물, 살구나무, 머루덩굴, 둥굴레 등 다 호명하기도 어려울 정도의 풀과 나무들이 있는 시인의 집 마당을 훔쳐보는데, '늘 푸르소서'라는 그녀의 시집에 덕담 어린 사인을 담아 건네준다. 나는 그날 '시래기죽' 이란 시를 읽으며 한동안 시큰한 얼굴로 눈시울이 붉어졌다. 거기에는 나의 유년이 있고 사랑하는 가족이 있었으며 무엇보다 나의 어머니가 계셨다.

시를 옮겨본다.

> 아버지가 병석에 누운 우리집이
> 생나무 우족으로 불을 땝니다.
> 흰 눈발 날리고 양식 떨어지고
> 땔감 떨어진 부엌에서 어머니가 웁니다.
> 아궁이 가득 맴돌던 흰연기
> 수증기처럼 시렁에 얹히지만
> 검은 노구솥 펄펄 끓는 시래기죽
> 한 그릇씩 먹고 나면
> 맹꽁이처럼 부르던 배
> 그 꿀맛 같은 식곤증에 빠져
> 우리 삼남매 낡은 이불을 덮고 누웠습니다
>
> — 〈시래기죽〉 전문

배고프던 시절, 시래기 한 움큼으로 시래기죽 한 솥을 끓여내 식구들의 허기를 메꾸던 우리네 어머니처럼 허정분 시인에게는 언제나 따뜻한 어머니의 정이 넘쳐난다. 못 견디게 어머니가 그리운 날이면 정분 씨! 정분 씨! 하고 불러봐야겠다.

국내를 넘어 세계에 우리 지역 광주를 알리고자
노력하고 있는 국내 유일의 '형상기억합금' 벤처기업인

에스엠에이 대표
황창윤

과학의 세계는 무궁무진하다. 형상기억합금. 생소한 이름이지만 말을 뜯어 나열해 보면 말 그대로 형상을 기억하는 합금, 신기할 따름이다.

티타늄과 니켈의 소재 합금. 그중 티타늄은 스페인 빌바오시의 구겐하임 미술관 건축 소재로 쓰일 만큼 비행기 등 여러 분야에서 폭넓게 쓰이는 금속 소재다.

형상기억합금은 원래의 모습에서 변형됐을 경우 조금만 열을 가하면 바로 본래의 모습으로 돌아온다. 예를 들어 자동차가 부딪혀서 찌그러졌을 경우 일정 온도로 가열하면 스스로 복원한다. 혈관 등 인공장기, 의료기기, 우주개발기기 등에 수요가 많지만 아직도 우리나라는 전량 수입에 의존한다.

형상기억합금을 생산하는 벤처기업인, 황창윤(1970년생). 광주

초월에 10년 전에 정착했다. 이제 초기단계지만 황창윤의 꿈은
세계를 향해 비상하고 있다. 전량 수입부품을 대체해 세계시장
을 석권하는 일이다. 국내 유일의 형상기억합금을 생산하는
SMA의 황창윤, 광주의 자랑스런 기업인 맞다.

　'형상기억합금' 이란 것을 보며 과학의 끝은 어디일까 더욱 궁
금해졌다. 형상기억합금은 처음 만들었을 때의 모양을 기억하
고 있다가 일정한 온도가 되면 다시 본래의 형태로 돌아가는 특
수한 금속을 말한다. 글자대로 풀이를 하면 형상을 기억하는 합
금이란 뜻이다. 유리겔라의 마술에 사용되었던, 휘어지고 펴지
는 숟가락의 재료도 형상기억합금이었다니 놀랍고 신기할 따름
이다.

　형상기억합금을 연구개발하고 제조 판매까지 하는 벤처기업
에스엠에이(SMA)는 국내 유일의 형상기억합금회사이다. 에스엠

에이 대표 황창윤 씨가 광주 초월에 정착한 지 이제 10년이 되었다.

'형상기억합금'은 항공우주개발기기, 군수 분야, 혈관, 인공장기, 기계금속, 전기전자 분야까지 각광을 받기 시작한 소재로 누구나 할 수 있는 분야는 아니다. 국내에서 유일하게 이 분야를 개척해 나간다는 자부심을 가지고 있는 에스엠에이는 광주시 소재 기업으로 국내를 넘어 세계에 우리 지역 광주를 알리고자 노력하고 있다.

지역의 경제발전은 기업에서 시작된다고 말하는 황창윤 대표. 그는 지자체의 올바른 인식이 기업의 발전을 이끌어낼 수 있으며 기업 또한 발전을 통해 지역에 이바지해야 한다는 주관이 뚜렷한 벤처기업인이다. 러시아, 중국, 일본, 미국만이 보유하고 있는 '형상기억합금' 기술을 전량 국산화하여 수입을 대체함으로써 국가경쟁력을 높이고자 하는 것이 그의 목표다. 아직은 부진한 매출과 높은 비용으로 인해 어려움이 많지만 무한한 가능성과 국가경제에 기여한다는 자부심으로 그날을 향해 나아가고 있는 중이다.

"부모님께선 각기 다른 사업을 하면서 수익이 생기면 주변과 나누고자 했어요. 어려서부터 그런 두 분의 모습을 보며 자랐지요. 부모님이 제겐 일 순위 멘토입니다. 제 경영방법도 부모님의 길을 따르는 것이지요. 정부의 숱한 규제에 얽매여 여러 어려움을 겪고 있으나 광주시가 기업에 대한 지원을 지금처럼 변함없이 아끼지 않는다면 기업을 운영하는데 있어 적지 않은 위안과 동기 부여가 될 것입니다."

  그는 에스엠에이가 멋진 향토기업으로 우뚝 서 광주의 마스코트가 되는 날까지 흔들림 없이 정진할 것을 스스로에게 다짐한다. 에스엠에이의 황창윤 대표, 그는 광주의 자랑스런 기업인이다.